Ernst Immanuel Bekker

Ueber den Streit der historischen und der philosofiscnen Rechtsschule

Ernst Immanuel Bekker

Ueber den Streit der historischen und der philosofiscnen Rechtsschule

ISBN/EAN: 9783743377691

Hergestellt in Europa, USA, Kanada, Australien, Japan

Cover: Foto ©Suzi / pixelio.de

Manufactured and distributed by brebook publishing software (www.brebook.com)

Ernst Immanuel Bekker

Ueber den Streit der historischen und der philosofiscnen Rechtsschule

Ueber den Streit der historischen und der filosofischen Rechtsschule.

Akademische Rede

zur Feier des Geburtsfestes des höchstseligen Grossherzogs

KARL FRIEDRICH

am 22. November 1886

bei Vortrag des Jahresberichts und Verkündung der akademischen Preise

gehalten

von

Dr. Immanuel Bekker

Grossherzoglich Badischem Geheimen Rath und ordentl. Professor der Rechte,

d. z. Prorektor der Grossh. Bad. Universität Heidelberg.

Heidelberg.
Universitäts-Buchdruckerei von J. Hörning.
1886.

Hochansehnliche Versammlung!

Wiedergekehrt ist der Tag, an welchem unsere Hochschule nach löblichem Brauche das Andenken ihres zweiten Gründers, des Kurfürsten und Groszherzogs Karl Friedrich zu feiern hat. Wol muss der Dank dies Mal ein besonders warmer sein, da uns noch die lebendige Erinnerung an das schöne Fest erfüllt, das wir vor wenigen Monden begangen haben. Durch die Vorbereitungen waren uns im vorigen Jare die eigenen Räumlichkeiten verschlossen; jezt, nach der Heimkehr, erkennen wir diese kaum wieder, und dem harmonisch warm behaglichen und zugleich stattlich schönen Bilde, das unsre Aula heut bietet, entsprach der ganze Verlauf der Jubelfeier. One Karl Friedrich wäre diese Feier nicht also gelungen, wäre Heidelberg nicht das geworden was es gegenwärtig ist, hätte die Universität nicht so fest und jugendfrisch in ihr sechstes Jarhundert eintreten können. Er selber hatte als Rektor sich an die Spitze gestellt und bestimmt, dass diese Würde auf seine Nachfolger sich vererbe; wir alle wissen, wie die persönliche Teilname und das freudig kräftige Eingreifen unseres gegenwärtigen Rector magnificentissimus, Seiner Königlichen Hoheit des Groszherzogs, der ganzen Feier ihre individuelle Färbung und besonderen Glanz verliehen hat.

Viel ist bei dem Feste über den Wechsel der Schicksale, und über die Stellung und Bedeutung der Heidelberger Hochschule in Vergangenheit und Gegenwart geredet, geschrieben, gedruckt. Aber all diese freundlichen Worte waren meist recht allgemein gehalten, und von den Einzelheiten, auf welchen eben jene Bedeutung beruht, von all dem, was der gelerte Fleiss auf dieser Stelle der Wissenschaft überhaupt geleistet, was er an Anregung und was an sicherem Gewinn erbracht hat, davon ist verhältnismäszig doch nur wenig gesagt und recht beleuchtet. Die Versäumnis ist keine gefärliche: was unterblieben, kann und wird sicher nachgeholt werden. Insbesondere scheinen gerade diese alljärlich sich wiederholenden Vorträge den einzelnen Prorektoren beste Gelegenheit zu geben, aus dem Bestande ihres Spezialfaches Bausteine zur Herstellung einer Geschichte der wissenschaftlichen Arbeit auf unserer Universität zu beschaffen.

Lassen Sie mich also berichten über eine Kette von Ereignissen, die man als Streit der historischen und der filosofischen Rechtsschule zu bezeichnen pflegt, und die, ausgegangen zweifellos von Heidelberg, eine Zeit lang die Juristen in ganz Europa bewegt hat. Die Geschichte dieses Streits hat einigen Anspruch auf das Interesse aller gelehrten, ja überhaupt gebildeten Kreise. — Den Anstosz gab die Frage nach der Abfassung eines allgemeinen Deutschen bürgerlichen Gesetzbuchs, die damals zuerst ernsthaft gestellt und gründlich durchdiskutirt worden ist; die Frage zält zu den brennenden, da voraussichtlich im Laufe des nächsten Jares der offiziell ausgearbeitete Entwurf dieses groszen Werks der Oeffentlichkeit übergeben werden wird. — Sodann ist zu beachten, dass der Streit die beste Zeit bezeichnet, welche Recht und Rechtswissenschaft seit langem in Deutschland gehabt haben, die einzige, wenigstens in diesem Jarhundert, wo das grosze Publikum um beide sich wirklich gekümmert hat. — Und dazu noch Eins, das etwas tiefer und versteckter liegt. Es lässt sich behaupten, dass erst durch diesen Streit, und die aus ihm erwachsenen neuen Anschauungen, die Jurisprudenz eingefürt ist in den Kreis der Wissenschaft im Sinne unserer Tage: erst jezt ist das Recht erkannt als das was es wirklich ist, ein bis in seine lezten Ecken und Winkel der normalen Forschung zugänglicher Stoff.

Im ganzen Schulenstreit stehen vornemlich zwei Männer einander gegenüber: Thibaut in Heidelberg und Savigny in Berlin; nur als in den zwanziger Jaren Thibaut sich etwas zurückzieht, übernimmt ein anderer Berliner Professor, Gans, den Vorkampf wider Savigny. Schon vor dem Beginn der Kontroverse waren Savigny und Thibaut mit einander in Berürung gekommen, und zwar in durchaus freundliche. 1802 hatte Thibaut „über Besitz und Verjärung" geschrieben; ein Jar darauf erschien Savignys berümter „Besitz"[1]), den Thibaut anzeigt[2]). Dabei wird die hervorragende Begabung des jungen (1779 geborenen) Kollegen, ebenso wie die Bedeutung des ganzen Werks rückhaltslos anerkannt, doch felen auch zum Teil wol begründete Ausstellungen an Einzelnem und Desiderien für spätere Auflagen durchaus nicht. Besonders hervorgehoben zu werden verdient, dass in dem ganzen Referat nirgends die Ansicht auftritt, dass die Art der Arbeit Savignys eine neue, oder dass Referent und Autor betreffs der prinzipiellen Fragen wesentlich verschieden dächten. Schwerlich wird man Thibaut hieraus einen Vorwurf machen dürfen; denn erst zehn Jare später bringt Savigny seine reformatorischen Ideen klar und deutlich in die Oeffentlichkeit, im „Besitz" lagen von diesen kaum die ersten Spuren.

Zu dieser Veröffentlichung aber veranlasst ihn Thibauts Verlangen nach einem groszen Gezetzgebungswerk für Deutschland. Erst beiläufig in einer Anzeige, dann in besonderer Flugschrift[3]) (1814) forderte Thibaut, dass „nachdem Deutschland durch Befreiung seines Bodens seine Ehre zwar gerettet"

> alle Deutschen Regierungen mit vereinten Kräften die Abfassung eines, der Willkür der einzelnen Regierungen entzogenen, für ganz Deutschland erlassenen Gesetzbuches zu bewirken suchen[4])

sollten, eines Gesetzbuches des „bürgerlichen Rechts", wie er es heisst, worunter Privat- und Kriminal-, Recht und Prozess zu verstehen. Die Begründung der Forderung ist eine überwiegend politische,

> den Ruhm lasse ich mir nicht rauben, dass ich als warmer Freund meines Vaterlandes geredet habe[5]),

---
1) Das Recht des Besitzes, eine civilistische Abhandlung, Giessen 1803; zweite Auflage schon 1806.
2) Hallische Litt.-Ztg. 1804. No. 40—42.
3) Ueber die Nothwendigkeit eines allgemeinen bürgerlichen Rechts für Deutschland. Heidelb. 1814. Später noch zwei Auflagen; ich zitire hier nach der ersten.
4) S. a. a. O. S. 12.
5) A. a. O. Einleit. S. 4.

aber keine realpolitische; Ausbrüche eines warmen guten Herzens, das sich einstweilen der Kontrolle des Kopfes entzogen hat. Trivialitäten⁴) wechseln mit schroff einseitigen Uebertreibungen⁷), die bei einigem Nachdenken als unhaltbar sich hätten erweisen müssen, und die nun den Schein erwecken, der Verfasser habe die Grösze des Problems, an das er sich gemacht, wol selber nicht recht begriffen⁸). Am interessantesten vielleicht, und für Thibauts eigenste Meinung zumeist bezeichnend, ist ein galliger

6) z. B. a. a. O. S. 23: „Alle eure Gelehrsamkeit.... hat die friedliche Sicherheit des Bürgers tausendfaltig gestört, und nur den Anwälden die Taschen gefüllt. Das Bürgerglück frägt nicht nach gelehrten Advokaten, und wir würden dem Himmel inbrünstig zu danken haben, wenn es durch einfache Gesetze herausgebracht würde, dass unsre Anwälde ganz der Gelehrsamkeit entraten könnten, wie wir auch allen Grund hätten überselig zu sein, wenn unsre Aerzte mit sechs Universalarzeneien alle Krankheiten mechanisch zu heilen vermöchten."

7) z. B. a. a. O. S. 25: „Bisher war es unmöglich, dass irgend Jemand und wäre er auch der fleissigste Theoretiker gewesen, das ganze Recht übersehen und mit Geist gründlich durchdringen konnte. Jeder hatte höchstens nur seine starken Seiten, an tausend Orten Nacht und Finsternis. Von den unschätzbaren Vorteilen des Ueberschens, der Wechselwirkung aller einzelnen Glieder der Rechtswissenschaft, ist uns nichts zu teil geworden: Ein einfaches Nationalgesetzbuch mit Deutscher Kraft im Deutschen Geist gearbeitet wird dagegen jedem auch nur mittelmässigen Kopfe in allen seinen Teilen zugänglich sein, und unsre Anwälde und Richter werden dadurch endlich in die Lage kommen, dass ihnen für jeden Fall das Recht lebendig gegenwärtig ist." Vgl. dagegen aus der allerneuesten Litteratur, O. Bähr in der Krit. Vschr. XXVIII, S. 190—95. — Oder S. 28: „Was aber vor allem dem Römischen Recht entgegensteht, ist die innere Schlechtigkeit seiner mehrsten Bestimmungen, besonders in Beziehung auf Deutschland"; wozu für Nichtjuristen bemerkt werden mag, dass die Deutschen dieses „innerlich schlechte Recht" aus freiem Antriebe an Stelle ihres angestammten rezipirt haben, und dass der praktisch bei weitem wichtigste Teil desselben, das Obligationenrecht mit relativ geringen Aenderungen in das Französische, das Preussische, das Oesterreichische und das Sächsische Gesetzbuch übernommen ist, zudem die Grundlage des Deutschen Handelsgesetzbuches bildet, und unzweifelhaft auch in den Reichskodex übergehen wird. — Höchst kurios machen sich dann bei Thibaut, der allgemeinen Verdammung des Römischen Rechts gegenüber, einzelne Anerkennungsblitze, z. B. S. 30): „Wodurch sind auch die klassischen Juristen der Römer so gross geworden?"

8) Vgl. a. a. O. S. 12: „Man kann und muss an jede Gesetzgebung zwei Forderungen machen: dass sie formell und materiell vollkommen sei." Dazu S. 64: „Auch lässt sich darauf rechnen, dass die Vollendung des Werks in zwei drei vier Jaren geschehen kann"; was denn freilich zu den sowol bei dem Preussischen Landrecht wie bei unserem Reichskodex gemachten Erfahrungen schlecht stimmen will. — Aenlich kindlich klingt folgendes, S. 34: „So muss sich dem Unparteiischen von selbst die Ueberzeugung aufdrängen, dass ein weises, tief durchdachtes einfaches und geistvolles Gesetzbuch gerade dasjenige ist, was der Deutsche Bürger zu seiner Stärkung und Erhebung unentbehrlich bedarf, damit die politische Zersplitterung und die mit derselben unzertrennlich verknüpften Kleinlichkeiten ein tüchtiges Gegengewicht erhalten".

Ausfall gegen Montesquieu und dessen Anhänger, die da behaupten, dass das Recht nach dem besonderen Geist des Volkes, nach Zeit Ort und Umständen zu modifiziren sei⁹). Beiläufig noch, dass Thibaut später berichtet, das Werkchen (67 Seiten sehr kleines Format, auch nicht eng gedruckt) in „höchstens nur 14 Tagen" geschrieben zu haben¹⁰).

Dem allen gegenüber besticht Savignys Erwiderung¹¹) zunächst durch ihre Form und Haltung: alles erscheint gemessen, klar, wol geordnet. Die Ausfürungen sind fast durchaus rein sachlicher Natur, auf weiter Umsicht und eindringendem Verständnis beruhend, nichts unüberlegtes läuft mit ein: wo ausnamsweise die Person Thibauts heranzuziehen ist, geschieht dies in freundlichst anerkennender Weise¹²), die mannigfaltigen Blöszen, die derselbe sich gegeben, werden meist mit Schweigen übergangen, einzelne Uebertreibungen einfach als solche dargelegt¹³). Savignys Schrift richtet sich wider zwei nicht auf ganz demselben Standpunkt befindliche Gegner, da K. E. Schmid¹⁴) zwar wie Thibaut ein bürgerliches Gesetzbuch für Deutschland gefordert, aber statt eines erst zu schaffenden das Oesterreichische zur Einfürung empfolen hatte. Die Entgegnung wird zuerst auf gewisse allgemeine Erwägungen gestüzt, sodann vornemlich auf die praktischen Erfarungen, welche in den lezten zwanzig Jaren (vor 1814) bei den groszen

---

9) A. a. O. S. 51: „Wie oft haben wir nicht seit Montesquieu davon reden gehört, dass das Recht klüglich nach den Umständen, nach dem Boden dem Klima dem Charakter der Nation, so wie nach tausend andern Dingen zu modifiziren sei. Ist man ja sogar mit diesen vorsichtigen Berücksichtigungen dahin gekommen .... Allein — man verzeihe mir die Stärke des Ausdrucks — ich kann in solchen Ansichten fast nur Verkehrtheit und Mangel tiefer rechtlicher Gefühle entdecken."

10) Civ. Arch. XXI. S. 394.

11) Vom Beruf unserer Zeit für Gesetzgebung und Rechtswissenschaft, Heidelberg 1814. Auch von dieser Abhandlung sind drei Auflagen erschienen; ich zitire nach der dritten (1840), die einen wörtlichen Abdruck der ersten, mit einigen Zusätzen gibt.

12) Durchgängig, ganz besonders S. 155: „Thibaut versichert, dass er als warmer Freund seines Vaterlands rede; und gewis hat er ein Recht, dieses zu sagen .... Auch das Ziel seines Vorschlags, die festere innigere Vereinigung der Nation, bestätigt diese gute Gesinnung, die ich mit Freuden anerkenne. Bis auf diesen Punkt also sind wir einig, und darum ist unser Streit kein feindseliger, uns liegt derselbe Zweck ernsthaft am Herzen, und wir beraten und besprechen uns über die Mittel."

13) Vgl. z. B. S. 122 f.

14) K. E. Schmid, Deutschlands Wiedergeburt. Jena 1814, S. 135.

gesetzgeberischen Werken in Frankreich Preussen Oesterreich gemacht worden. Ueberall war man ungefür mit den Erwartungen Thibauts an die Arbeit gegangen, und wenigstens in Preussen hatten weder Ernst und Fleiss noch geniale Kräfte (Suarez) bei der Ausfürung gefelt; gleichwol war der gehofte Erfolg nirgends erreicht. Im Gegenteil drängten sich an jeder Stelle zwei Warnemungen auf: das moralische Resultat war ein ungenügendes, die allgemeine Befriedigung, auf die man gezält, bleibt aus, kaum ist der neue Rechtszustand hergestellt, so machen sich zalreiche Mängel und Feler desselben bemerklich, und erregen durchaus nicht weniger Widerwillen als früher die des alten; zweitens, das neue Recht erscheint nicht als ein völlig neues, anders geartetes, bei Licht beschen zeigen sich die wichtigsten Charakterzüge als entnommen aus dem alten Recht, auch in den Details viele Aenlichkeiten und Uebereinstimmungen. Savigny forscht nach dem Grunde, warum das also gekommen; und gerade diese Untersuchungen haben seinem Werk den eigentümlichen bleibenden Wert verliehen. Warum? weil es eben nicht anders kommen konnte, weil überall, in der Natur, im Leben der Völker und der Einzelnen, die Vergangenheit die Gegenwart, und die Gegenwart die Zukunft bestimmt, weil jede Ursache ihre Folge haben muss. Jeder kann nur das, was er kann, bestimmt durch das Masz der Gaben und Kräfte die er eben besizt, der Bildung die er erworben, u. s. w. Wie die leibliche ebenso steht auch die geistige Produktion unter festen Regeln, insbesondere die Rechtsschaffung: ein völlig neues Recht ist nicht zu erfinden, so wenig wie eine ebenso neue Sprache.

Richtigkeit und Tragweite der Worte lassen sich nicht wol in frage ziehen. Waren die Gedanken nicht ganz neu, so gefasst und vorgetragen hatte sie Niemand vor Savigny, erst durch ihn sind sie zum lebendigen Gliede am Leibe unserer Wissenschaft gemacht. Uebrigens findet sich in dem „Beruf" auch mancherlei, was auf keine allgemeine Anerkennung mehr rechnen kann. Von den Anfängen der Entstehung des Rechts und von dem Recht s. g. Urzeiten wissen wir noch immer wenig genug, Savigny wusste noch weniger davon, und was der § 2 über die Entstehung des positiven Rechts Allgemeines gibt, ist wol nichts anderes als ein leicht gewonnener Extrakt aus den zugänglichsten Römischen Quellen. Die „Ueberzeugung des Volks" wird als die eigentlich Recht schaffende Kraft genannt; das mag ja richtig sein, tritt aber bei Savigny one genügenden Nachweis, wie ein Glaubensartikel auf. Es felt die Erklärung, was uns unter dem Namen zu denken, und wie die Wirksamkeit des Genannten zu verstehen sei, namentlich ob beides als bleibende Dinge anzunemen, oder ob auch sie nach Ort und Zeit wandelbar[15]). Zweifellos falsch ist die höchste Blüte der Römischen Rechtswissenschaft an die Namen Papinian Ulpian Paulus angeknüpft[16]), und fast unbegreiflich erscheint uns die Behauptung, dass in den Schriften der gröszten Römischen Juristen, also der gröszten Juristen, welche bisher überhaupt auf Erden gewandelt haben, „weit weniger Individualität[17]) zu finden sei, als in irgend einer anderen Litteratur."

In den nächstfolgenden Jaren erhoben sich dann noch andere Stimmen für und wider neue Gesetzbücher, Savigny berichtete über beide[18]), aber die Sache verlor doch bald an Interesse, da sich herausstellte, dass die Regierungen, gleichviel aus welchen Gründen, vorläufig nicht gewillt waren.

---

15) Was hochwarscheinlich; wir denken z. B. wie in Rom für das ius civile nur in betracht kommt die Ueberzeugung des Volks das in der Stadt lebt, auf dem Markt sich ausspricht („disputatio fori"), und als Stimmführer angesehene alliekannte (seit Augustus mit dem „ius respondendi" beliehene) Juristen hat, wärend in der Gegenwart das Deutsche Volk weder änlich abgeschlossen noch konzentrisch organisirt ist, dagegen aber durch die Erfindung der Buchdruckerkunst, das Zeitungs- Posten- und Telegrafenwesen, durch Vereine und Tage u. s. w. in den Besitz völlig neuer Mittel des Meinungsaustausches und der Verständigung gekommen ist.

16) Ueber Ulpian insbesondere A. Pernice, Ulpian als Schriftsteller, Sitz.-Ber. der Berl. Akad. 1885. XXV; über die ganze Frage Hofmann, kritische Studien im Röm. R. I, und dazu Lenel, krit. Vschr. f. Gesetzgbg. u. R.-W. XXVIII, S. 161—63.

17) Ausser den Zitaten der vorigen Note Bekker, B. d. Besitzes S. 4, Buhl, Salvius Julianus, Einleitung. Es handelt sich hiebei nicht um einfache, bei verständigem Lesen im Corpus Juris immerhin schwer begreifliche Unwissenheit, sondern der ganze Gedanke, dass gerade die bedeutendsten Juristen welche bisher auf Erden gelebt nach der Schablone geschaffen sein sollten, läuft aller sonstigen geschichtlichen Erfarung so diametral zuwider, dass man ihn lieber bei einem Junger der „ungeschichtlichen Schule" suchen möchte. Das Zitat des Textes steht im „Beruf" S. 29, womit dann namentlich noch S. 157 „dass damals die einzelnen Juristen fungible Personen waren" zu vergleichen ist.

18) Vgl. Zschr. f. gesch. R.-W. III: Thibaut, Feuerbach, Pfeiffer, Almendingen und Ungenannte dafür, Hugo, Schrader und Ungenannte dawider.

das geforderte Werk in angriff zu nemen. Savigny selber kommt es kaum noch auf die legislativen Erfolge an, dagegen sezt er alle Kraft daran, den im „Beruf" zuerst entwickelten Theorien Verbreitung zu sichern, und zu dem Ende hatte er schon vor jenen Berichten eine Zeitschrift gegründet, und den Gegensatz der „geschichtlichen" und der „ungeschichtlichen Schule" proklamirt. Verbunden mit Gleichgesinnten (auf dem Titel werden nach ihm genannt C. F. Eichhorn und J. F. L. Göschen) lässt er noch 1815 den ersten Band der Zeitschrift für geschichtliche Rechtswissenschaft ausgeben, und leitet denselben persönlich ein [19]).

Die über die Entstehung und das Werden des Rechts hier vorgetragenen Ansichten sind wesentlich die aus dem Beruf bekannten [20]), dahingegen werden, wärend früher nur von Divergenzen der Meinungen die rede gewesen, jezt die Anhänger der einen und der andern Meinung zu „Schulen" [21]) zusammengefasst.

19) „Ueber den Zweck dieser Zeitschrift" S. 1—17; das Programm ist dann noch ergänzt durch die für Savigny ungewönlich scharfe Rezension eines Werkes von N. Th. v. Gönner, „über die Gesetzgeb. und Rechtswissensch. in unserer Zeit", Zschr. f. gesch. R.-W. I. S. 373—423, so wie durch die unter 8) zitirten Rezensionen.

20) A. a. O. S. 23: „Allein der Gegensatz . . . . kann nicht gründlich verstanden werden, so lange man den Blick auf diese unsere Wissenschaft beschränkt, da er vielmehr ganz allgemeiner Natur ist . . . Dieses also ist die allgemeine Frage: in welchem Verhältnis steht die Vergangenheit zur Gegenwart, oder das Werden zum Sein? . . . . nicht bringt jedes Zeitalter für sich und willkürlich seine Welt hervor, sondern es tut dies in unauflöslicher Gemeinschaft mit der ganzen Vergangenheit." — S. 4: „Wer auf diesem geschichtlichen Standpunkt steht, urteilt ferner über das entgegengesezte Verfaren also. Es ist nicht etwa die Rede von einer Wal zwischen Gutem und Schlechtem, so dass das Anerkennen eines Gegebenen gut, das Verwerfen desselben schlecht aber gleichwol möglich wäre. Vielmehr ist dieses Verwerfen des Gegebenen der Strenge nach ganz unmöglich, es beherrscht uns unvermeidlich, und wir können nur uns darüber teuschen nicht es ändern." — S. 6: „ . . . . der Stoff des Rechts ist durch die gesammte Vergangenheit der Nation gegeben, doch nicht durch Willkür, so dass er zufällig dieser oder ein anderer sein könnte, sondern aus dem innersten Wesen der Nation und ihrer Geschichte hervorgegangen" u. s. w.

21) A. a. O. S. 1: „Wer die mannigfaltigen Ansichten und Methoden, die von jeher unter den Deutschen Juristen herrschend gewesen sind, genau betrachtet, wird finden, dass sie sich auf zwei Hauptklassen, die Juristen selbst also auf zwei Schulen zurückführen lassen . . . . wärend alle Differenzen innerhalb dieser Schulen nur als bedingt betrachtet werden können, und stets durch unmerkliche Uebergänge vermittelt werden." — S. 2: Die eine dieser Schulen ist durch den Namen der geschichtlichen hinlänglich bezeichnet; für die andere dagegen ist ein positiver Name kaum zu finden, indem sie in sich nur in dem Widerspruch gegen die erste eins ist. . . . Wir wollen sie daher in Ermangelung eines andern Ausdrucks die ungeschichtliche Schule nennen."

Nach Savignys Worten sind also beide Schulen nicht erst zu gründen, sondern sie bestehen bereits und haben bestanden „von jeher" unter den Deutschen Juristen. Die gelehrte Welt hatte davon bisher freilich nichts gewusst, nam aber auf diese Mitteilung hin das Dasein derselben in der Gegenwart ziemlich unbedenklich an. Die spätere Geschichte des Bestehens, sagen wir nun der beiden Schulen, oder der Anname, dass es zwei solcher Schulen gebe, verdient keine nähere Betrachtung an dieser Stelle, ihr felen Details von durchschlagender Bedeutung. Als etwa zehn Jare nach dem Ausbruch Gans wider Savigny eintritt, belebt sich der Streit noch ein Mal. Aber gerade auf diese Fase dürfen wir nicht eingehen: Gans ist der Schüler Hegels, und steht als solcher Thibaut nicht näher als Savigny. Seine Wirksamkeit richtig zu würdigen, müsste man den Einfluss, den die Hegelsche Filosofie überhaupt auf die Entwickelung der Rechtswissenschaft geübt hat, mit ins auge fassen; was hier viel zu weit füren würde.

Beiden Schulen hat die rechte Konsistenz allezeit gefelt. Die „geschichtliche" getaufte Schule hatte immerhin noch einigen Halt; sie besasz in der Zeitschrift für geschichtliche Rechtswissenhaft ihr eigenes Organ, und hatte Anhänger, Puchta Stahl Rudorff und andere, die offen und laut zu ihr sich bekannten. Gleichwol machte sich der Zerfall verhältnissmäszig früh bemerklich, und zwar gerade darin, dass, wenn nicht alle, doch die grosze Mehrzal aller Deutschen Juristen die Richtigkeit der von Savigny vorgetragenen Grundanschauungen zugaben[22]), one übrigens damit das Gefül einer besondern Zusammengehörigkeit zu gewinnen. Dieser Menge, auf die der Name „Schule" kaum noch passt, stand dann eine andere, so zu sagen

---

22) Vgl. Bluntschli, die neueren Rechtsschulen der Deutschen Juristen (erschienen zuerst in den Hall. Jarbüchern 1839, dann in zwei Separatausgaben) § 4: „Es hat die historische Schule .... so entschiedene Erfolge erkämpft, dass es hier gegenwärtig keine historische Schule mehr gibt. Eine wissenschaftliche Schule nämlich ist nur so lange denkbar, als das Grundprinzip, worauf sie beruht, ihr ausschliesslich eigen ist . . . .: sobald einmal was sie vorher zu einer Schule gestempelt hat, Gemeingut geworden ist der ganzen Wissenschaft, so hört sie auch auf als Schule zu gelten. Und das ist nun hier allerdings geschehen."

„historische Schule im engeren Sinne" gegenüber, deren Glieder weniger durch eigentümliche Lehrmeinungen, als durch ihre persönlichen Beziehungen zu einander und zu Savigny, unter sich verbunden waren. Schon über die nächsten Konsequenzen der geschichtlichen Rechtsprinzipien aber dachten die Selbständigen von diesen, wie z. B. Puchta und Stahl, häufig recht verschieden je Einer vom Andern, und ebenso wie dieser und jener Dritte ausserhalb des engeren Schulkreises stehende. — Noch gröszer erscheint die Zerfarenheit auf der andern Seite: es ist in Wirklichkeit weder besondere Vorliebe für filosofische Gedanken[23]), noch energischer Widerwillen gegen die historische Forschung[24]) auf dem Felde der Rechtswissenschaft, der sie vereint, sie fielen sich in Opposition wol zu den Personen Savignys und seiner Freunde Schüler Anhänger, aber nicht eigentlich zu den Grundlagen seiner Lehre.

Der ganze Streit scheint schliesslich im Sande zu verlaufen. Noch einmal greift Thibaut im Jar 1838 zur Feder, um in das civilistische Archiv „Ueber die sogenannte historische und nichthistorische Rechtsschule" zu schreiben[25]), nicht zur guten Stunde. Interessant ist die Abhandlung nur, weil sie den damaligen Seelenzustand des gefeierten Mannes klar stellt: viel Verbitterung[26]), und ein verwunderliches Haschen nach Lob, das er

<hr>

23) Wiederholt hat Savigny sich dawider verwahrt ein Gegner der rechten filosofischen Arbeit zu sein, und noch mehr als er selber waren unter seinen nächsten Anhängern besonders Puchta und Stahl filosofisch veranlagte und geschulte Köpfe; vgl. auch Bluntschli in der N. 22 zitirten Abhandlung § 8 „Die philosophische Schule".

24) Thibaut, Civ. Arch. XXI, S. 403: „Es ist die kläglichste Lüge, wenn man mir nachsagt, dass ich ein Verächter der Rechtsgeschichte sei. Ich selbst war es ja, u. s. w." Das Hauptwerk von Gans aber ist „Das Erbrecht in weltgeschichtlicher Entwickelung" 4 Bde.

25) Arch. f. d. civil. Praxis XXI. S. 391—419 „Ueber die sogenannte historische und nichthistorische Rechtsschule".

26) A. a. O. auf der ersten Seite: „. . . . ist mehrfach das ärgste erwachsen, nämlich Eitelkeit, mit der grösten Katheder-Affektation verbunden; Herrschsucht, Parteigängerei; Beschützung sklavischer Anhänger durch Empfelungen zum Statsdienst; lobende Rezensionen oder Umgehung verdienter öffentlicher Rügen; eine schnöde Behandlung Derer, welche frei in der Mitte stehen, oder der andern Schule angehören sollen, und am Ende auch noch da und dort eine Art von Mysticismus und Frömmelei mit vornemer Abgeschmacktheit verbunden. . . . Ich habe lange Zeit dem Unwesen schweigend zugesehen, wenn auch oft mit bewegtem Herzen, weil ich mit ganzer Seele der reinen einfachen Warheit die Alleinherrschaft wünsche" u. s. w. Der Ton bleibt derselbe durch den ganzen Aufsatz.

sich dann selber reichlich spendet[27]), und mit den Zeugnissen von Regierungen von Zuhörern[28]) und von andern Gelehrten[29]) zu belegen bestrebt ist. Dagegen wird weder unsre Einsicht in die zu grunde liegenden wissenschaftlichen Probleme, noch der Ueberblick über den Lauf der Verhandlungen unter den streitenden Parteien irgend erheblich gefördert. Vornemer tut Savigny die Sache ab, in der Vorrede zum ersten Bande (1840) seines Systems des heutigen Römischen Rechts: ausdrücklich verwahrt er sein Werk dawider, als Parteischrift zu gelten, an die Benennung „historische Schule" habe sich „eine lange anhaltende lebhafte Anfechtung geknüpft, noch in der neuesten Zeit seien darüber harte Worte [wol im hinblick auf Thibauts eben angeführte Arbeit] geredet. Eine Verteidigung gegen solche Angriffe würde unnütz, gewissermaßen unmöglich sein"[30]). Zugleich aber empfiehlt er „den ganzen Parteyenstreit und die darauf bezüglichen Parteyennamen zu beseitigen"[31]). Kurz vorher hatte auch Bluntschli[32]) schon die Bedeutung des Gegensatzes der Schulen für jene Zeit geleugnet; und sehr deutlich steht mir noch im Gedächtnis, wie Vangerow in seinen Pandektenvorlesungen des Winters 44 auf 45 den ganzen Schulenstreit für gänzlich erloschen erklärte, die neueste Jurisprudenz habe alles Richtige aus den Aufstellungen der Historiker und der Filosofen in sich aufgenommen und bestens verschmolzen.

27) A. a. O. S. 392: „Dass ich auch onedies berechtigt bin in dieser Sache mitzureden, darf ich wol one Unbescheidenheit annemen. Wärend der langen Zeit meiner akademischen Tätigkeit habe ich mit dem regesten Eifer für Recht und Warheit gearbeitet. . . . . Nie suchte ich mir eine Partei zu bilden, und stets stiess ich Jeden zurück, welcher mir Schmeicheleien sagte" u. s. w.
28) Ebenda: „Die Eitelkeit bewegte mich nie, wogegen ich aber auch nie einem Götzen diente. Dies können mir die Regierungen, deren Wolwollen ich mein bürgerliches Glück verdanke, gewis bezeugen. Ebenso meine Zuhörer, vor denen ich nie als ein Gesalbter oder Inspirirter auftrat" u. s. w.
29) z. B. a. a. O. S. 403: „worin ich, selbst zur vollen Zufriedenheit des sel. Heyne dringend empfal den kahlen Dogmatismus zu verlassen. . . . . — S. 404: „Mackeldey hat zwar nie . . . . aber doch wird von ihm das Vorzügliche der von mir empfolenen Methode anerkannt" und bald dahinter der Bericht über die eigenen Beziehungen zu Niebuhr.
30) Savigny, System d. h. R. Rs, Vorr. S. XXIII.
31) Ebenda S. XVI.
32) In der N. 22 zitirten Abhandlung.

Interessanter als die äussere Entwickelung sind sie Nachwirkungen dieser Parteienkämpfe auf die Rechtswissenschaft. Ueber eine legislative Frage war der Hader entbrannt; heut können wir nicht wol mehr im Zweifel darüber sein, dass bei der Beantwortung derselben Savigny ebenso wie Thibaut geirrt haben. Dieser, indem er, übrigens keineswegs vereinzelt sondern als Vertreter der zu seiner Zeit herrschenden Meinung, annimmt, dass die Gesetzgebung alles und die Gewonheit nichts vermöge, und dass wirklich gute „formell und materiell vollkommene" Gesetze zu machen auch gar nicht so schwer sei; Savigny, wenn er das Recht der Pflanze gleich erwachsen lässt, und der Wissenschaft eine glättende und ausgleichende Kraft zuschreibt, die sie in der uns bekannten Geschichte nirgends bewärt hat[33]). Beides hängt damit zusammen, dass er die Volksüberzeugung, in welche er die eigentlich Recht schaffende Kraft verlegt, nie wissenschaftlich zu analysiren versucht hat, und durchgehend die Bedeutung der Individualitäten übersieht. Er scheint gänzlich vergessen zu haben, was einzelne hervorragend Begabte, wie Moses und Solon, Appius Claudius[34]) und Salvius Julianus, Schwarzenberg und Suarez für die Fortbildung des Rechts gewirkt haben. Nicht minder verkennt er die ware Natur aller gröszeren Kontroversen: dass das Recht selber an gewissen Stellen unfertig und darum zweifelhaft ist, und dass es daher unmöglich wird, einfach durch logische Operationen zu „richtigen", d. h. allgemein befriedigenden Resultaten zu gelangen. Können wir gegenwärtig beide extreme Anschauungen, die von Thibaut und die von Savigny, als überwundene

---

33) So wenig in Rom, wo auch den bedeutendsten Juristen, wie Julian Papinian, sofort Gegner erstehen und den Einfluss der Schriften jener durch „Notae" zu brechen suchen, und wo um die Zeit von Ulpian und Paulus die Zal der laufenden Kontroversen weit gröszer ist als beim Beginn des Schulenstreites der Prokulianer und Sabinianer, wie in der modernen Welt, unter den Glossatoren und Postglossatoren, Französischen Holländischen Deutschen Rechtsgelehrten. Auch Savigny hat keine alte Kontroverse abgeschnitten, nicht einmal die wenig wiegende über die Vitalität der Neugeborenen (vgl Bekker, System d heut Pand.-Rs. I. S. 157), wol aber einige neue angeregt.

34) Pomponius, fr. 2 § 36 de O. I. 1, 2: .... Appius Claudius unus ex decemviris, cuius maximum consilium in duodecim tabulis scribendis fuit.

Irrtümer bezeichnen, so dürfen wir uns immerhin eines gewissen Fortschritts berühmen, wenn auch zuzugeben ist, dass auf dem zwischen jenen belegenen Mittelraum einstweilen noch viel Unklarheit herrscht, und wir weitab sind von wirklicher Gesetzgebungswissenschaft[35]), vielleicht auch von der rechten Gesetzgebungskunst[36]).

Was aber insbesondere das bürgerliche Gesetzbuch für Deutschland anlangt, so würde jede eingehende Untersuchung, ob es klüger gewesen, dasselbe zu Anfang des Jarhunderts herzurichten, oder bis zur Gegenwart anstehen zu lassen, jezt, wo die Entscheidung vorliegt, überflüssig scheinen. Die entscheidenden Momente waren unzweifelhaft die politischen: ein magerer trauriger Ersatz, wenn wir bei andauernder statlicher Zersplitterung Deutschlands mit der Rechtseinheit abgespeist wären. Nachdem aber die politische Einigung so weit durchgeführt worden, musste auch die Rechtsausgleichung als unausbleibliche Folge statt finden. Neben den politischen Verhältnissen war bei der Gesetzbuchsfrage auf die Beschaffenheit und den Wert des eben noch vorhandenen, sowie auf unsre Befähigung zur Produktion des neuen Rechtes rücksicht zu nemen. Zweifellos

---

35) D. h., es seien zur Zeit noch die Prinzipien, aus welchen die Antworten logisch zu deduziren wären auf Fragen der Art: wie haben Gesetzgebung und Gewonheit, genauer die verschiedenen Organe der Rechtsfortbildung die zur selben Zeit in einem Lande nebeneinander existiren, in die Arbeit sich zu teilen? — welche Zeiten sind zur Herstellung von dauerhaften Gesetzbüchern besonders geeignet? — Bacos Beantwortung der lezten Frage, dass die Zeit, in welcher ein Gesetzbuch gemacht werde an Einsicht die vorhergehenden Zeiten übertreffen solle, die Savigny one genügende Durchprüfung sich aneignet (Beruf, § 6), ist keineswegs überall zutreffend, und stimmt z. B. schlecht zu den in Griechenland und Rom (Zwölftafeln und prätorisches Edict) und zu den an den Deutschen Volksrechten und Rechtsbüchern, der Carolina, der Deutschen Wechselordnung und dem Handelsgesetzbuch gemachten Erfarungen. Auch hat sich Justinians Sammlung im Byzantinischen Reich, für das sie ganz nach Bacos Regel erlassen worden, nur mäszig bewärt (man bedenke die wiederholt hervortretende Notwendigkeit von abkürzenden Ueberarbeitungen, so wie das Fortbestehen des Syrisch-Römischen Rechtsbuchs in der Praxis der Asiatischen Völkerschaften nach der offiziellen Einfürung des C. J. C.), wogegen sie in Deutschland nicht als Abschluss alter, sondern als Grundlage neuer Rechtsentwickelung fruchtbringend gewirkt hat.

36) Ueber einige der wichtigsten Leistungen der Deutschen Gesetzgebung unserer Zeit vgl. unten N. 42; augenscheinlich entbehren wir noch der festen traditionellen Technik, und die einzelnen Gesetze geraten besser und schlechter je nach dem Takt und überhaupt der individuellen Begabung der Männer, welche an der Ausarbeitung vornemlich beteiligt gewesen.

stellt Thibaut das Römische Recht an sich[37]) und in seiner Brauchbarkeit für die modernen Verhältnisse[38]) zu niedrig, seine Scheltworte finden ihre Widerlegung durch eine Reihe ebenso beweiskräftiger wie wolbeglaubigter Erscheinungen[39]). Zudem hat ein eigentümlicher Zufall es gefügt, dass sein allerentschiedenster Gegner in dieser Richtung sein unmittelbarer Nachfolger auf dem Katheder, Karl Adolf von Vangerow[40]) sein sollte. Andererseits aber

37) Vgl „Ueber die Notwendigk. e. allg. bürg. Rs." S. 15 etc. „Werk . . . aus der tiefsten Periode des Verfalls . . . die Spuren dieses Verfalls auf jeder Seite an sich tragend" u. s. w. S. 19: „Ueberall standen sie [die Röm. Juristen] unter dem Zwange positiver Grundlagen aus dem Zeitalter der Barbarei, und da ward dann durch folgerechte Auslegung das Uebel nicht gemindert sondern gemehrt . . . wehe der Nation, wo die Juristen dazu verurteilt sind an solchen rohen einseitigen Grundlagen ihren Scharfsinn zu üben." S. 20: „ein Gesetzbuch, dessen Text wir nicht besitzen, und dessen Inhalt insofern einem Irrlicht zu vergleichen ist", denn „die Masse der Varianten ist ungeheuer" u. s. w. u. s. w. durch die ganze Abhandlung; s. noch das N. 7 an zweiter Stelle gegebene Zitat. Und nicht anders in dem bereits angeführten Aufsatz im Civ. Arch. XXI, 16, z. B. S. 395: „erbärmliche elterliche und eheliche Verhältnisse, eine elende tutela legitima, ein verkrüppeltes unbasirtes Eigentum, ein Hypotheken-System, welches alle Sicherheit untergräbt, ein Erbrecht mit Unnatürlichkeiten Subtilitäten und Inkonsequenzen überladen, ein steifes Obligationenrecht, die Lehre vom Besitz und der Verjärung halbvollendet oder ganz und gar verunstaltet", so dass man wirklich Mitleid empfinden möchte mit dem Manne, welcher die Lehre so unsympathischer, wie sie ihm erscheinen geradezu schädlicher Dinge, zu seinem Lebensberuf erkoren.

38) Zitate wie die der vorigen Note, denn gewönlich in den meisten Stellen geht der Tadel des Römischen Rechtes selber in den der Rezeption über, wie z. B. Ueber die Notwend. S. 15: „Man muss ganz in leidenschaftlicher Einseitigkeit befangen sein," wenn man die Deutschen wegen der Annahme dieses missratenen Werkes glücklich preist, und dessen fernere Beibehaltung im Ernst anempfiehlt.

39) Z. B. dass in den an verschiedenen Zeiten zu dem Preussen des Allgemeinen Landrechts geschlagenen noch unter dem gemeinen Deutschen [Römischen] Rechte stehenden Landesteilen die Bevölkerungen sich mehr gegen als für die Einführung des Preussischen Rechts ausgesprochen, und dass Preussen auch derartige Akte one merkliche Mühen der Selbstüberwindung stets unterlassen; dass manche gemeinrechtliche Gerichte, wie z B. Lübeck und Kassel, regelmäszig nicht blos theoretisch höher stehende, sondern auch praktisch brauchbarere Erkenntnisse fällten als das Obertribunal zu Berlin; dass in Preussen das gemeine Recht bis auf diesen Tag als Grundlage des juristischen Studiums festgehalten worden, und dass eine Preussische Rechtswissenschaft erst nach der Anlenung an die gemeinrechtliche in gang gekommen.

40) Die ganz ungewönliche Anziehungskraft, die dieser seinen Zuhörern gegenüber besasz, beruhte nicht zum kleinsten Teile auf seiner unverhohlenen warmen Begeisterung für das Recht das er lehrte, pectus facit disertum. Dass Thibaut und Vangerow überhaupt so weit auseinander gestanden haben wie kaum zwei Andere unter den bedeutenderen Romanisten unseres Jarhunderts, ist oft übersehn. Verzweifelt jener, Wege aus dem Wirrwarr der Römischen Kontroversen zu finden, so ist Vangerow ehrlich überzeugt von der Warheit der Worte Justinians (c. Tanta § 15), dass für den, der nur recht zuzusehen verstehe, kein Widerspruch in den einzelnen Gesetzesstellen erfindlich sein werde „contrarium autem aliquid in hoc codice positum nullum sibi locum uindicabit, nec inuenitur si quis suptili animo diuersitatis rationes excutiet;"

möchte ich auch nicht bestreiten, dass gerade Vangerow, so wie der vor- und umsichtigere Savigny in der Hochschätzung des Corpus Juris civilis als Gesetzbuch zu weit gegangen sind[41]). Ueber unsere eigene Qualifikation zur Ausführung legislativer Arbeiten von groszen Dimensionen, ist im Augenblick schwer zu urteilen[42]); immerhin wissen wir, dass manche der von Savigny erhobenen Bedenken unbegründet[43]) gewesen sind.

Savignys Theorie von der geschichtlichen Entwickelung des Rechts hat, wie Bluntschli und Vangerow bezeugen, und kaum Jemand ernsthaft leugnet, fast allgemeine Anerkennung in der juristischen Welt gefunden. Dagegen harrt die Frage noch der Erledigung, wieviel diese Anerkennung, und wieviel überhaupt Savignys Entdeckung das Recht und die Rechtswissenschaft bisher gefördert haben. Die Untersuchung wird schwierig; sie fordert einmal Abschätzung unseres eigenen juristischen Könnens, sodann die Bemessung all der andern Faktoren, die neben der Aufstellung der geschichtlichen Rechtstheorie auf die Entwickelung der neuesten Wissenschaft masgebenden Einfluss geübt haben, wie die Auffindung des Gajus, Herstellung von lesbaren und zuverlässigen Ausgaben anderer Römischer und Deutscher Rechtsquellen, Eingriffe der Gesetzgebung u. s. w.

---

gerade das von Thibaut am härtesten getadelte Römische Erbrecht behandelt Vangerow mit ausgesprochener Vorliebe, die abgestorbenen Stücke ebenso wie die dem lebendigen Rechte noch angehörigen, desgleichen andere antiquirte Partieen des C. J.; wogegen er, wiederum in Gegensatz zu Thibaut, für die Aenderungen welche das Römische Recht in Deutschland durch Gewohnheit und Praxis erfaren, so wie für die Neubildungen in unserem Rechte nur beschränktes Interesse mitbrachte. Thibaut behauptet (Civ. Arch. XXI, S. 392), mit dem Rezensirhandwerk überall wenig und seit 25 Jaren ganz und gar nicht sich abgegeben zu haben, Vangerows Lehrbuch besteht in der Hauptsache aus Rezensionen, und auch auf dem Katheder kritisirte und polemisirte er mehr als sonst Brauch; u. s. w.

41) Vgl. Bekker Besitz, S. 7, Syst. d. h. Pandektenrechts I. § 5, Beil. 1.

42) Darum zumal, weil die gesetzgeberischen Arbeiten, die im Laufe dieses Jarhunderts bei uns gemacht worden, von so überaus verschiedenem Werte sind, one dass die Gründe des Schwankens klar zu tage lägen: die Deutsche Wechselordnung z. B. ist mustergültig, auch das Handelsgesetzbuch in ursprünglicher Gestalt sehr anerkennenswert, unter den neuesten Reichsgesetzen aber sind einzelne, wie namentlich die das Handelsgesetzbuch ergänzende Aktienrechtsnovelle von 84, die wenigstens in formaler Beziehung nur als abschreckende Beispiele zu nennen wären.

43) So ist z. B. das Bedenken, dass unsere Sprache „als Kunstmittel" wenig geeignet sei, ein Gesetzbuch zu schreiben (Beruf § 6 a. E.), durch die Wechselordnung und das Handelsgesetzbuch widerlegt, die beide zudem auf die weitere Fortbildung der Deutschen Rechtssprache überaus segensreich eingewirkt haben.

Schwerlich haben wir Romanisten⁴⁴), überhaupt Juristen, Grund mit besonderem Stolze auf den Erfolg unserer Taten zu schauen. Savigny sah „das Hauptübel unseres Rechtszustandes in einer stets wachsenden Scheidung zwischen Theorie und Praxis"⁴⁵): die Scheidung ist in den lezten fünfzig Jaren nur noch grőszer geworden, und diese Kluft unterscheidet unser Jarhundert sehr zu seinem Nachteile von den voraufgehenden. Aber das Volk, die Masse der Laien, auch der Hochgebildeten, kümmert sich heut zu tage auch um die Praxis, um Rechtsprechung und Gesetzgebung nicht mehr als um die Theorie.

Wir sind durchaus nicht populär, und müssen gerechte Zweifel hegen, ob wir verdienen es zu sein. Sehen wir auf den Aufschwung der Naturwissenschaften nicht blos, sondern auch unserer nächsten Verwanten, der Sprach- und der Geschichtswissenschaft in diesem Jarhundert, so könnte uns Neid beschleichen; zumal die allgemeinen Zeitverhältnisse der Gegenwart, die immense Entwickelung von Handel und Verkehr, eine Blütenperiode des Rechts und der Rechtswissenschaft eher zu begünstigen scheinen. Also wo liegt der Grund? wer trägt die Schuld? wie lässt sich's bessern?

Savignyn wird der Vorwurf, wenigstens der Mitverschuldung, nicht zu ersparen sein. Er hatte einen tieferen Einblick ins Wesen des Rechts getan als Jemand vor ihm, und was er erschaut, hat er richtig wiedergegeben. Ebenso richtig hat er diejenigen Konsequenzen gezogen, welche hieraus wider Ueberschätzung des gesetzgeberischen Tuns zu entnemen waren. Aber er hat andere ebenso naheliegende Konsequenzen aus denselben Grundanschauungen, namentlich die wider die Einmengung naturrechtlicher

---

44) Aenlich ungünstig beurteilt die Gegenwart Ihering, Scherz und Ernst in der Jurisprudenz, vgl. dazu Bekker, Syst. I., S. 39, noch viel ungünstiger eine naheliegende Vergangenheit Knapp, Syst. der Rechtsphilosophie, der freilich den Grund der teils bedenklichen teils traurigen Erscheinungen, wie ich meine, an der falschen Stelle sucht, gleichwol aber manchen Nagel auf den Kopf trifft.

45) Zitat aus dem System I., Vorr. S. XXV., vergl. aber auch die voraufgehenden und nächstfolgenden Seiten.

Spekulation in die wissenschaftliche Arbeit, nicht mit gleicher Energie gezogen, und darum sein Reformwerk unfertig, nur halbvollendet hinterlassen; gerade derjenige Teil des Ausbaus, der ihm die praktische Bedeutung gesichert hätte, ist unausgeführt verblieben. Den Jüngeren aber scheinen Einsicht und Kraft gefelt zu haben, um das begonnene Werk zum gebotenen Abschluss zu bringen.

Betrachten wir das Verhältnis der beiden Schulhäupter zur alten naturrechtlichen Lehre etwas näher. Thibaut bekundet sich offen als Freund") derselben; Savigny tritt ihr im „Beruf" mehrfach entgegen"), one gleichwol mit voller Entschiedenheit sich abzuwenden"). Im „System" findet

---

46) So besonders, Ueber die Notwendigkeit S. 50—57. Im anschluss an die Opposition wider Montesquieu: „so kann das ernste Recht nur darüber trauern, dass es Hindernisse findet; aber es muss der Vernunft wegen, durchgreifen, und wird sich nicht in seinen notwendigen Einrichtungen stören lassen:" S. 53. „Man überdenke nur die einzelnen Teile des bürgerlichen Rechts. Viele sind so zu sagen nur eine Art reiner juristischer Mathematik, worauf keine Lokalität [und dem entsprechend auch keine zeitliche Verschiedenheit] irgend einen entscheidenden Einfluss haben kann, wie die Lehre vom Eigentum, dem Erbrechte, den Hypotheken, den Verträgen, und was zum allgemeinen Teile der Rechtswissenschaft gehört." S. 54. — S. 56 u. s. w. Vgl. noch S. 30—32.

17) Er bekämpft die naturrechtliche Lehre, insbesondere in ihrem Zusammenhange mit dem Triebe zur Gesetzbuchsfabrikation; z. B. S. 5: „Man verlangte neue Gesetzbücher, die durch ihre Vollständigkeit der Rechtspflege eine mechanische Sicherheit gewären sollten .... — Zugleich sollten sie sich aller historischen Eigentümlichkeiten enthalten und in reiner Abstraktion für alle Völker und alle Zeiten gleiche Brauchbarkeit haben. Es wurde sehr irrig sein, jenen Trieb und diese Anwendungen derselben einzelnen Irrlehrern zuzuschreiben, es war .... die Meinung der Völker." S. 7: „Als Vermittelung diente die Ueberzeugung, dass es ein praktisches Naturrecht oder Vernunftrecht gebe, eine ideale Gesetzgebung für alle Zeiten und alle Fälle gültig, die wir nur zu entdecken brauchten, um das positive Recht für immer zu vollenden." Vgl. noch S. 18, 23, 27, 45, 47, 91.

48) Vgl. a. a. O. S. 27—28: „Allein gerade dieses übrig bleibende materielle des Römischen Rechts, was man für seine wahre Vortrefflichkeit ausgiebt, ist so allgemeiner Natur, dass es meist schon durch gesunden Verstand, ohne alle juristische Bildung gefunden werden konnte...." — S. 91—92: .... „Preisaufgabe von 1788, welche ein Lehrbuch in zwei Teilen forderte, deren erster ein aus dem Gesetzbuch selbst abstrahirtes Naturrecht, der zweite einen Auszug des positiven Rechts selbst enthalten sollte. Man hat diese Ansicht des Naturrechts oft sehr vornem angelassen und ihr damit unrecht getan; offenbar sollte unter diesem Namen dasjenige dargestellt werden, was der Gesetzgeber selber in seinen Gesetzen für allgemein und nicht für positiv ansehe; eine interessante historische Aufgabe, der des Römischen ius gentium ganz änlich".

das Naturrecht keine ausdrückliche Anerkennung⁴⁹), wol aber ist ihm ein still verstecktes Plätzchen überlassen, um weiter zu leben und zu wirken, d. h. zu schaden. Die ganze Art und Weise der Arbeit Savignys bleibt überwiegend deduktiv, aufgebaut auf Gedanken, welche Kinder der Naturrechtslehre sind⁵⁰). Bedenkt man, dass diese Lehre in ihrer alten grobkantigen Erscheinung mit den allgemeinen wissenschaftlichen Ueberzeugungen unseres Jarhunderts nimmer zu vereinen gewesen wäre, so kommt man in Versuchung, Savigny als recht eigentlich denjenigen zu nennen, welcher die Uebertragung des Naturrechts in die neueste Jurisprudenz vermittelt hat.

Hiernach können wir auch verstehen, wie Savigny one weitere Inkonsequenz immer wieder neue Auflagen seines Besitzrechts mit nur unerheblichen Aenderungen erscheinen lassen mochte; der wesentlich naturrechtliche Aufbau des ganzen Werks widerstrebte ihm selber nach der Entdeckung des geschichtlichen Prinzips doch keineswegs. Ebenso begreiflich wird der Auslauf des Schulenstreits: auf die Gesetzgebung besaszen die Gelehrten hüben und drüben keinen Einfluss, die akademischen Debatten über diese Fragen aber hatten schon lange genug gedauert, was man wusste war gesagt; der eine Teil war dabei halb unversehens auf eine neue Anschauung vom Wesen des Rechts gestoszen, deren innere Richtigkeit auch der andere schon nicht mehr zu bestreiten vermochte, wogegen jener wieder auf die energische Durchführung der einschneidenden und ihm selber unbequemen Konsequenzen bereitwilligst verzichtete. Auch die ganze, dem waren Werte der Jurisprudenz so wenig entsprechende Stellung derselben in der Gegenwart, scheint nun erklärlich. Welches Zutrauen kann die an scharfe Denkarbeit gewönte Mitwelt haben zu einem Zweige der Wissenschaft, bei welchem die Vertreter der korrektesten

---

49) Vgl. I., 2. Kap. „Allgemeine Natur der Rechtsquellen"; auch S. 113, und dazu Beil. I.

50) Das Savignysche System ist voll von Deduktionen aus der Natur der Sache, als ob das objektive Recht an gewisse Vorgänge gewisse Rechtsfolgen überall anknüpfen müsste, oder der Gesetzgeber, wo er diese Folgen doch anders ordnete, das Richtige nicht getroffen hätte; so besonders in die Augen springend in der Lehre von den Willenserklärungen, vgl. III. § 114 f. und § 134 f. Ebenso scheint Savigny das Recht selber, Gesetz, Gewonheitsrecht u. s. w. für ewige allezeit unwandelbare Begriffe zu halten.

Grundanschauungen. Aufstellungen, die diesen ihren Grundanschauungen [51]), ja überhaupt jeder wissenschaftlichen Erkenntnis [52]) schnurstracks zuwiderlaufen [53]), nicht zu überwinden wissen, oder gar nicht einmal als Wider-

---

51) Denn die geschichtliche Anschauung fordert steten Wechsel des Rechts (wie der Sprache), die naturrechtliche einen von Ewigkeit zu Ewigkeit gegebenen gleichen und unwandelbaren Bestand. Eine Vermittelungstheorie wäre etwa dergestalt denkbar: zwei Rechte gebe es; ein Göttliches, jenes unwandelbare (Naturrecht), ein menschliches, bedingt durch die mangelhafte menschliche Erkenntnis des Göttlichen, wankend und wechselnd wie diese Erkenntnis. Abgesehen aber davon, dass von dieser Auffassung Spuren, wenigstens bei Savigny fehlen, dürfte die geschichtliche Lehre auch dawider sich sträuben, in dem stetigen und gleichwol sein Ziel nie erreichenden, bald hier und bald dorthin sich verirrenden Streben nach ewiger Wahrheit den alleinigen, oder doch ausschlaggebenden Faktor des positiven, die Menschheit tatsächlich beherrschenden Rechts zu erkennen.

52) Das echte wahre ewige Naturrecht steht der menschlichen Erkenntnis ebenso fern wie irgend eine religiöse Offenbarung, es ist ein Artikel nicht des Wissens, sondern des Glaubens, und jede wirklich wissenschaftliche Diskussion desselben ausgeschlossen. Das landläufige Surrogat aber, das unter dem Namen umzugehen pflegt, ist ein leichtgefertigtes Produkt aus individuellem Billigkeitsgefühl und weniger Umsicht: wenn nur die mir Nächststehenden darüber ebenso denken wie ich, so ist mein Naturrecht fertig. Vergl. z. B. Thibaut „Ueber die Notwendigkeit" S. 57: „so ist z. B. die Lehre von der Intestaterbfolge die einfachste von der Welt, im ganzen von keinen Oertlichkeiten abhängig, sondern von den einfachen Gedanken, dass der Gesetzgeber an der Stelle des Verstorbenen wie dieser teilen durfte (aber wie d u r f t e dieser denn teilen? da scheint das zu suchende Recht ja schon fertig vorzuliegen; oder sollte vielleicht eine naturrechtliche Priorität des testamentarischen Erbrechts vor dem Intestaterbrecht behauptet werden?] und w a r s c h e i n l i c h selber würde geteilt haben". Ist es irgendwie „warscheinlich", und nicht vielmehr wider alle Erfarung, dass alle Erblasser geneigt sind, ihr Gut nach Einer und derselben Regel unter ihre Nächsten zu verteilen. Und weiter: ist die naturrechtliche Geltung des Erbrechts überhaupt denn wirklich so ganz unzweifelhaft? muss der Lebende notwendig über den Nachlass verfügen können und zwar über den ganzen? und müssen subsidiär die n ä c h s t e n V e r w a n t e n (und wer sind diese?) einrücken, und zwar in alles?

53) Zwei anderen Begriffen, die gleichfalls mit dem Namen „Naturrecht" zu bezeichnen sind, soll ihr Platz innerhalb der Wissenschaft nicht bestritten werden:
A. Das allen einzelnen Rechten der verschiedenen Zeiten und Völker Gemeinsame. Festzustellen selbstverständlich erst, wenn all diese Einzelrechte bekannt sein werden, wovon wir einstweilen noch recht weit abzusein scheinen. Augenblicklich also zu ersetzen nur durch das den uns schon bekannten Rechten Gemeinsame, also abhängig von den zufälligen Grenzen unserer Kenntnis. Der Begriff würde aber auch, wenn wirklich einmal alle Rechte der Gegenwart und der Vergangenheit bekannt wären, noch keine starre Konsistenz erlangen, da die Rechte der Gegenwart alsdann doch auch keineswegs unwandelbar sein würden, und jede weitere Wandelung des einzelnen auch den gemeinsamen Bestand zu verändern vermöchte.
B. Was sich mit Notwendigkeit aus der allgemeinen Menschennatur herleiten lässt, vgl. B l u n t s c h l i, die neueren Rechtsschulen, 2. Aufl., S. 63, Anm. a. E. Die wissenschaftliche Fixirung dieses Naturrechts scheint mir leider noch ferner zu liegen. Sie heischt erstlich Kenntnis der Menschennatur, und diese wieder eine genaue Begrenzung der Species Mensch; sollen z. B. die Neanderthaler mit in betracht kommen oder

sprüche und wissenschaftlichen Ungehörigkeiten erkennen [34]). Gerade je mehr man, nicht one guten Grund, beim ersten Auftreten von der historischen Schule erwartet hatte, desto grőszer musste bei den spateren Kleinerfolgen der Rückschlag sein. Wussten die Schulangehörigen selber den gesunden Kern ihrer Lehre nicht gehörig zu pflegen und zu gedeihlichem Wachstum zu erziehen, so war es nur natürlich, wenn Draussenstehende diesen Kern ganz unbeachtet liessen, und verleitet durch allerlei Zufälligkeiten in der Schule bald die Trägerin von romantischen oder ultrakonservativen Schrullen, bald den Pflanzgarten unfruchtbarer Antiquitäten sahen, während doch gerade die echten Grundgedanken der geschichtlichen Rechtslehre all diesem Zeuge gleichmäszig widerstreben.

Das Endergebnis dieser Betrachtungen ist für uns Juristen kein so schlechthin trostloses, wie es zu diesem Feiertage schlecht passen würde:

nicht? und gänzlich aussichtslos wird die Arbeit, wenn wir uns vorstellen, dass das Menschengeschlecht noch einer weiteren Vervollkommnung entgegengehen sollte. — Zweitens aber müssten wir auch die Psychologie mindestens soweit gefördert haben, wie heutzutage etwa die Fysiologie: ich kann mir einen wissenschaftlichen Beweis denken, dass ein menschlicher Körper auf diese Einwirkungen also reagiren, dies ausscheiden und jenes produziren müsse, aber durchaus noch keinen, dass der menschliche Geist Recht zu schaffen habe, wir wissen eben aus der Erfarung dass er es tut, das Wie und das Warum sind uns noch verschlossen, und was wir darüber vorbringen ist nichts als dilettantische Spielerei.

54) Der Vorwurf trift, wie schon bemerkt, an erster Stelle uns Romanisten, danach alle andern juristischen Dogmatiker; dass daneben befriedigende historische Arbeiten zustande gekommen, habe ich schon an anderer Stelle (Savigny Zschr. VI, S. 84 f.) anerkannt. Der Vorwurf trifft Alle, darum je den Einzelnen nur zum kleinen Teil; Jeder kann sich darauf berufen, dass so viele Andere, hochgelehrte Männer, in denselben Anschauungen befangen seien. Gerade diese Entschuldigungsmöglichkeit macht den gegenwärtigen Zustand so unerquicklich, sie verschuldet, dass wer gestern geschichtliche Untersuchungen durchaus korrekt gefürt hat heute seine dogmatischen Ausfürungen auf willkürlich angenommene Grund'sätze, naturrechtliche Offenbarungsprodukte basirt, und dass die grosze Masse der Leser, auch der selbstschriftstellernden, das als wissenschaftliche Arbeit gelten lasst. Meines Erachtens können wir sehr viel weiter, wenn wir zunächst einmal alle wieder in zwei grosze Gruppen (Schulen) uns schieden, von denen die Einen sich offen zur Lehre vom absoluten Recht bekenneten mit allen ihren Konsequenzen, so dass

Besitz alluberall dies ist, nichts anderes,
derselbe alluberall diese Rechtsfolgen hat, keine andern,
aus verbotenem Tun dem Täter Rechte nicht erwachsen können,
der Civilprozess allein den Zweck hat, Privatrechte autoritativ festzustellen
u. s. w., u. s. w.;

die Andern aber Ernst machten mit ihrer Opposition dawider, und jede derartige Aufstellung behandelten als das, was sie ist, d. h. ein Stück Nichtwissenschaft.

„non si male nunc et olim sic erit". Wir haben gefelt und felen noch heute; auch unter den äussern Gerichts- und Examenelnrichtungen[55]) ist vieles im Augenblick uns wenig günstig. Kann sein, dass die Einführung des neuen Gesetzbuchs den Anstosz zum bessern geben wird ; kann sein, denn gewis ist das freilich zum allerwenigsten. Das aber ist gewis, und daran dürfen wir uns auch an den trübesten Tagen nicht irre machen lassen, dass bei alledem es sich doch eben nur um durch Zeit und Ort bedingte Feler und Versehen der gegenwärtigen Pfleger unserer Wissenschaft handelt, und dass die Jurisprudenz, wenn auch im Augenblick angekränkelt[56]), doch ist echte und rechte Wissenschaft, die mit Offenbarungen und beweislosen Behauptungen so wenig zu schaffen hat, wie irgend eine ihrer ebenbürtigen Mitschwestern.

---

55) Und vielleicht sonst noch allerlei. Aber an diesem Ort war nicht allen Quellen der gegenwärtigen juristischen Miseren nachzugehen, sondern nur denen, in welchen der Verf. selber gebadet zu haben einräumen muss.

56) Selbstverständlich dass, wenn die Krankheit gehoben, der Erfolg nach aussen noch nicht gegeben wäre, sondern nur ein Hemmnis gehoben, das gegenwärtig die Erreichung des Erfolgs ausschliesst.

Chronik der Universität.

Unter der persönlichen Leitung des Rector magnificentissimus, Sr. Königlichen Hoheit des Grossherzogs, hat die Universität in den Tagen vom 2. bis 7. August die Jubelfeier ihres fünfhundertjärigen Bestehens gefeiert.

Am 30. Oktober d. J. fand die Immatrikulation Seiner Grossherzoglichen Hoheit des Prinzen Ludwig von Baden und Seiner Grossherzoglichen Hoheit des Prinzen Max von Baden statt.

Die Zal der immatrikulirten Studirenden betrug während des lezten Sommersemesters 1052. Abgangszeugnisse sind genommen 496. Die Zahl

— 24 —

der Immatrikulationen im gegenwärtigen Wintersemester beläuft sich mit Einschluss der zur Immatrikulation vorgemerkten Studirenden auf 273.

Gestorben ist am 15. November 1885 der ausserordentliche Professor in der filosofischen Fakultät Dr. Nohl. Wir bewaren dem vielseitig gebildeten Kollegen ein freundliches Andenken.

Ausgeschieden aus dem Verband der Universität sind ausserdem: der Geheime Hofrat Dr. Wachsmuth, der nach Leipzig, und der Professor extraord. Dr. Weil, der als ordentlicher Professor der inneren Medizin und Direktor der medizinischen Klinik an die Universität Dorpat berufen worden.

Dagegen sind neu eingetreten der bisherige ord. Professor zu Leipzig, Dr. Erwin Rohde, dem unter Verleihung des Charakters als Geheimer Hofrat die erledigte ordentliche Professur der klassischen Filologie, sowie die Mitdirektion des filologischen Seminars übertragen ist; auch ist derselbe zum ausserordentlichen Mitgliede des Oberschulrats ernannt.

Habilitirt haben sich: in der medizinischen Fakultät Dr. da Gama Pinto aus Goa in Ostindien und Dr. Fritz Bessel-Hagen aus Berlin; in der filosofischen Fakultät Dr. Friedrich Blochmann aus Karlsruhe und Dr. August Thorbecke, Direktor der hiesigen höheren Töchterschule.

Auszeichnungen durch Verleihung von Titeln wurden zu Theil: dem Geheimen Rat Dr. Fischer, welcher zum Geheimen Rat I. Klasse; den Geheimen Hofräten Dr. Bartsch, Dr. Königsberger und Dr. Otto Becker, welche zu Geheimen Räten II. Klasse; den Hofräten Dr. Karlowa und Dr. Winkelmann, sowie dem Professor Dr. Quincke, welche zu Geheimen Hofräten; den Professoren Dr. Erdmannsdörffer und Dr. Erb sowie dem Oberbibliothekar Professor Dr. Zangemeister, welche zu Hofräten und dem Professor Dr. Hausrath, welcher zum Kirchenrat ernannt worden. Der Honorarprofessor Dr. Buhl wurde zum ordentlichen Professor in der juristischen Fakultät befördert. Dem ausserordentlichen Professor für romanische Filologie Dr. Freymond, wurde die Staatsdiener-Eigenschaft verliehen. Den Charakter als Honorarprofessor erhielt der ausserordentliche Professor Dr. Cohn. Zu ausserordentlichen Professoren wurden befördert: in der juristischen Fakultät der bisherige Privatdozent Dr. v. Kirchenheim; in der medizinischen Fakultät der bisherige Privatdozent Dr. Steiner; in der filosofischen Fakultät der bisherige Privatdozent Dr. Scherrer.

Die Stelle eines Repetenten bei der theologischen Fakultät ist dem ausserordentlichen Professor Dr. Kneucker für ein weiteres Jar bis Ostern 1887 übertragen worden. Der bisherige Custos an der Universitätsbibliothek, Dr. Hinzelmann, wurde zum Bibliothekar ernannt. An die Stelle des bisherigen Verwalters des akademischen Krankenhauses, Rechnungsrat Bentel, der an die technische Hochschule in Karlsruhe als Rechner und Sekretär versetzt worden, ist Heinrich Trunzer, bisher Revisor beim Ministerium der Justiz, des Kultus und Unterrichts eingerückt. Bibliothekdiener Schenck wurde zum Hausmeister an der technischen Hochschule in Karlsruhe ernannt und ist mit der Besorgung der Dienergeschäfte bei der Universitätsbibliothek in provisorischer Weise der Gehilfe Gottlieb Ottenbacher bei der Universitätskasse beauftragt worden.

Grossherzogliche Orden und Ehrenzeichen sind verliehen worden und zwar von dem Orden des Zähringer Löwen: dem Geh. Rat Dr. Bunsen Exc. die goldene Kette zum früher verliehenen Grosskreuz; dem Geheimen Rat Dr. Bekker das Commandeurkreuz I. Klasse; den Geheimen Räten Dr. Knies, Dr. Schulze und Dr. Gegenbaur der Stern zum früher verliehenen Commandeurkreuz; den Geheimen Räten Dr. Kühne, Dr. Arnold und Dr. Czerny, sowie dem Hofrat Dr. Weil das Commandeurkreuz II. Kl.; den Professoren Dr. Merx, Dr. Holsten, Dr. Bassermann, Dr. Pfitzer, sowie dem Honorarprofessor Dr. Cantor das Ritterkreuz I. Klasse; dem ausserordentl. Professor Dr. Lossen das Ritterkreuz I. Klasse mit Eichenlaub; dem Musikdirektor Boch das Eichenlaub zum früher verliehenen Ritterkreuz II. Klasse; dem Musikdirektor Wolfrum das Ritterkreuz II. Klasse mit Eichenlaub, dem Amtmann Freih. v. Krafft-Ebing, dem Universitätskassier Oberrechnungsrat Wenz, dem Krankenhausverwalter Rechnungsrat Bentel das Ritterkreuz II. Klasse.

Auswärtige Orden erhielten: Geheimerat Dr. Gegenbaur den königl. Bayerischen Maximilians-Orden für Wissenschaft und Kunst; Geheimerat Dr. Bekker den Preuss. Rothen Adler-Orden II. Klasse; Geheimerat Dr. Bunsen den kaiserl. Russischen St. Anna-Orden I. Klasse; Geheimerat Dr. Otto Becker das Offizierkreuz des kaiserl. Brasilianischen Rosenordens; Professor Dr. August Eisenlohr von Seiner Hoheit dem Khedive das Offizierskreuz des Medjidieh-Ordens. Ferner wurde dem Fechtlehrer Schulze von Seiner Majestät dem Kaiser von Oesterreich und König von Ungarn das goldene Verdienstkreuz mit der Krone verliehen.

Sodann erhielten: Oberpedell Förster die grosse goldene Verdienstmedaille; Maschinenmeister Kohl am akad. Krankenhaus, sowie die Oberpedellen Schmidt und Vock die kleine goldene Verdienstmedaille; Kassendiener Wittmann und Wärterin Juliane Hebert am akad. Krankenhaus die silberne Verdienstmedaille.

Professor Dr. Cohn wurde zum korrespodirenden Mitgliede der R. Accademia di scienze lettere ed arti in Padua ernannt.

Zur Erinnerung an das Jubiläum ist an der chirurgischen Klinik eine Stiftung zur Unterstützung hülfsbedürftiger Kranker und des im Dienste erkrankten Wartpersonals gegründet worden.

Die Verwaltung der Stiftung für Verleihung der Gräfe-Medaille ist von der medizinischen Fakultät übernommen.

Auch im verflossenen Jahre haben die Sammlungen der Universität, namentlich die Bibliothek, eine grosse Anzal wertvoller Gaben von der hohen Staatsregierung, von inländischen und ausländischen Behörden und Gesellschaften, sowie von Privatpersonen erhalten, und zwar hat zumal die Jubelfeier nach vielen Seiten hin Anlass gegeben, uns eine Fülle der reichsten Gaben zufliessen zu lassen. Ein Verzeichnis derselben ist beigefügt. Den Geschenkgebern allen muss der auch sonst schon ausgesprochene herzliche Dank an dieser Stelle aufs wärmste wiederholt werden.

Preis-Verteilung.

Unter den im vorigen Jahre aufgestellten Preisaufgaben hat das von der theologischen Fakultät aufgestellte Thema eine Bearbeitung, die von der juristischen Fakultät aufgestellte Preisaufgabe eine Bearbeitung, die von der philosophischen Fakultät aus dem Gebiet der Philosophie gestellte Preisaufgabe zwei Bearbeitungen und das von derselben Fakultät aus dem Gebiete der Geschichte gestellte Thema eine Bearbeitung gefunden.

Die theologische Fakultät hatte die Aufgabe gestellt:

„Schleiermachers liturgische Anschauungen sollen aus seinen Werken im Zusammenhange dargestellt und beurteilt werden".

Das Urteil der Fakultät lautet: Die mit dem Motto: „Wisset ihr nicht, dass die, so in den Schranken laufen, die laufen Alle, aber Einer erlanget das Kleinod? Laufet nun also, dass ihr es ergreifet. 1. Cor. 9, 24" bei der theologischen Fakultät eingereichte Preisarbeit ist in Folge einer unzutreffenden Bestimmung des Begriffs „liturgisch" in ihrer Anlage etwas zu breit geraten. Der erste, vom christlichen Cultus im Allgemeinen handelnde Teil konnte auf eine Einleitung reduzirt werden. Auch der Inhalt dieses Teiles befriedigt nicht. In der Disposition seines Materiales hat sich der Verfasser allzu eng an Schleiermachers „Praktische Theologie" angeschlossen. Ein selbständigerer Gedankengang würde ihn nicht nur zu einem gründlicheren und tieferen Urteil geführt, sondern auch seine Darstellung frischer und lebendiger gemacht haben. Dieselbe ist zu sehr an die Vorlage Schleiermachers gebunden. So ist auch die Schreibart nicht flüssig und lebendig genug. Dagegen ist an der Arbeit zu rühmen das fleissige Studium und die fast vollständige Benutzung der einschlägigen Werke Schleiermachers, sowie die geschickte Combination dieser ihrer Quellen. Sie giebt in der Tat die liturgischen Anschauungen dieses Theologen, von einigen Ungenauigkeiten abgesehen, richtig und im Zusammenhang wieder. Ebenso zeugt das Urteil des Verfassers über seinen Autor von einer zwar nicht durchweg reifen, aber erfreulichen Selbständigkeit des Denkens, und verbindet auf eine im Allgemeinen richtige Weise das Verständnis für die Grösse Schleiermachers mit der Einsicht in die Unhaltbarkeit einzelner von demselben vertretener liturgischer Anschauungen.

Könnte deshalb auch die theologische Fakultät wegen der gerügten Mängel eine eventuelle unveränderte Drucklegung der Arbeit nicht gutheissen, so nimmt sie doch keinen Anstand, derselben auf Grund der hervorgehobenen Vorzüge den Preis zuzuerkennen.

Der geöffnete Umschlag ergiebt den Namen:

Wilhelm Karl, stud. theol. aus Seckenheim.

Die juristische Fakultät hatte die Frage gestellt:

„Die rechtliche Natur der Militär-Konventionen im Deutschen Reiche ist zu erörtern".

Das Urteil der Fakultät über die mit dem Motto „divide et impera" eingereichte Preisschrift lautet: Es war leicht, sich das Quellenmaterial zu beschaffen, da dasselbe in der officiellen Sammlung der deutschen Reichsmilitärgesetze enthalten ist. Dies hat auch der Verfasser angesehen und benutzt, dagegen hat er die neuen, zum Teil sehr bedeutenden statsrechtlichen Arbeiten über das Heerwesen des deutschen Reichs vollständig ignorirt. Trotz ihrer allgemeinen Zugänglichkeit, sind ihm die Arbeiten von Hänel, Seydel, Laband, Zorn und Georg Mayer unbekannt geblieben. One auf die sehr abweichenden Ansichten dieser Schriftsteller über das Reichskriegswesen einzugehen, war eine wissenschaftliche Behandlung des Temas überhaupt unmöglich. Schon die einleitenden Bemerkungen über die verschiedenen Arten der Statsverträge sind sehr unklar. Auch ist es unrichtig, wenn der Verfasser die Befugnis der Einzelstaten zum Abschluss der Militärkonvention auf Art. 66 der Reichsverfassung gründet: dieselbe liegt vielmer in der ihnen verbliebenen Autonomie, welche sie, auch one die Erwähnung des Art. 66, dazu ermächtigen würde. Auch über die Person der kontrahirenden Teile felt es an der nötigen Klarheit; in wie weit bald der König von Preussen als solcher, bald der Bundesfeldherr oder Kaiser dabei in Betracht kommt, tritt nicht genug vor. Zwar ist der eigentümliche statsrechtliche

Charakter der Württembergischen Militärkonvention hervorgehoben, das Verhältnis Bayerns aber ganz unerörtert geblieben, obgleich der Bündnisvertrag vom 23. November 1870 inhaltlich ganz die Natur einer Militärkonvention hat, wenn er auch diesen Namen führt. Wenn der Verfasser in vielen Beziehungen auch das Richtige getroffen hat, was bei der Zugänglichkeit des Quellenmaterials nicht schwer war, so fehlt doch seiner Arbeit zu sehr die wissenschaftliche Vertiefung, die wirkliche prinzipielle Begründung, um von der Fakultät als preiswürdig erkannt zu werden.

Die Preisaufgabe der philosophischen Fakultät aus dem Gebiete der Philosophie lautete:

„Es soll das Verhältnis der Aesthetik Schopenhauers zu der Aesthetik Schillers auseinandergesezt und beurteilt werden".

Das Urteil der Fakultät über die eingereichte Arbeit mit dem Motto „sapere aude" ist folgendes: Bei dem äusserst geringen Umfange der uns vorgelegten Schrift würde ihr Verfasser nicht vermocht haben, die gestellte Aufgabe auch nur einigermassen gründlich und genügend zu lösen, selbst wenn seine Ausführungen weit sachlicher, eindringender und schärfer wären als sie sind. Er hat sich nach Umfang, Inhalt und Form die Sache so leicht gemacht, dass seine Schrift in keiner Weise als eine preiswürdige Arbeit gelten kann.

Das Urteil der Fakultät bezüglich der zweiten eingereichten Preisschrift über das von ihr aus dem Gebiete der Philosophie gestellte Thema lautet: Die mit dem Motto „Was wir als Schönheit hier empfunden, wird einst als Warheit uns entgegengehn" bezeichnete Abhandlung, auf eine Anzal loser Bogen, sehr eng und klein geschrieben, ist in diesem äussern Zustande wenig zur Vorlage einer Preisschrift geeignet. In seinen Ausführungen hat der Verfasser gezeigt, dass er sich mit den Gegenständen des Themas und der darauf bezüglichen Literatur eingehend beschäftigt, den Inhalt einzelner Hauptschriften klar und bündig wiederzugeben, das zur Untersuchung gestellte Verhältnis in gewissen Punkten zu erleuchten und seine Materien überhaupt wohl zu ordnen gewusst hat. Den genannten Vorzügen stehen grössere Mängel gegenüber. Die Auffassung der Kantischen Philosophie, von welcher der Verfasser mit Recht ausgeht, ist nicht adäquat und zutreffend, dasselbe gilt von der Unterscheidung der nachkantischen Richtungen und der Stellung, die Schiller und Schopenhauer darin einnehmen sollen. Unter diesen falschen Voraussetzungen ist der Verfasser zu mancherlei unrichtigen Resultaten geführt worden. — Die Schriften, die seiner Arbeit zur quellenmässigen Grundlage gedient haben oder dienen sollten, mussten angefürt, historisch geordnet, kritisch gewürdigt werden. Eine solche Darlegung ist ganz unterblieben. Von den Schriften Schillers hat der Verfasser die höchst wichtigen Briefe an Körner über die freie Erscheinung, wie es scheint, gar nicht zu Rate gezogen. Hier lag ein wesentlicher Vergleichungspunkt zwischen Schiller und Schopenhauer. Bei dem lezteren hätte der Verfasser nicht unterlassen dürfen, auf die Lehre von der Kunst näher einzugehen und seine originelle Auffassung der Architektur und der Musik wenigstens zu berühren. Hier lag ein wichtiger Unterscheidungspunkt zur Auseinandersetzung des fraglichen Verhältnisses.

Aus diesen Gründen kann der Abhandlung im Hinblick auf ihre Vorzüge wohl ein Lob, aber in Erwägung ihrer Mängel nicht der Preis zuerkannt werden. Wenn der Verfasser seinen Namen nennen will, so wird dieser nachträglich bekannt gemacht werden. — Da der Verfasser dieser Aufforderung entsprechend seinen Namen angemeldet hat, so wird derselbe hiermit lobend genannt:

Moritz Kronenberg, stud. phil. aus Ruhrort am Rhein.

Die Preisaufgabe der philosophischen Fakultät aus dem Gebiete der Geschichte lautete:

„Die Beziehungen Venedigs zum Kaiserreiche in der staufischen Zeit."

Die mit der Bezeichnung „Die Geschichte Venedigs ist eine stete Erinnerung an eine grosse Vergangenheit unseres Vaterlandes" eingereichte Arbeit ist unverkennbar eine Erstlingsarbeit. Das zeigt ihre Anlage, welche die Neigung hat, überflüssig ins Breite zu gehen, — eine gewisse Freude an der Deklamation, wo doch besser die Ereignisse für sich selbst sprechen müssten, und ebenso der jugendliche Eifer, mit welchem gelegentliche kleinere Versehen früherer Bearbeiter fast wie Hauptverbrechen behandelt werden. Aber der Verfasser hat das weitschichtige Material für seine Untersuchung wohl ziemlich vollständig herangezogen und im Allgemeinen vollständig verwertet, und die Ergebnisse, zu denen er gelangt, dürften wohl richtige sein, obwol sie nicht so deutlich hervortreten, als sie eigentlich müssten und könnten, wenn die Darstellung wesentlich verkürzt, von allem Ballast befreit und etwas mehr auf die Hauptsache beschränkt wäre. Vor Allem vermisst man am Schlusse eine kurze Zusammenfassung der von Venedig im angegebenen Zeitraume dem Kaiserreiche gegenüber verfolgten Politik, von der der Verfasser an vielen zerstreuten Stellen oft vorgreifend redet, während ihre Kennzeichnung aus den Ereignissen doch erst das Ergebnis seiner Untersuchung sein sollte. Die Mängel seiner Arbeit sind indessen nicht derartige, dass durch sie Gang und Ergebniss der Untersuchung selbst beeinträchtigt würden; die gestellte Frage selbst wird durch den vom Verfasser aufgewendeten Fleiss unzweifelhaft gefördert und die Art und Weise, wie er seine Aufgabe erfasst hat, berechtigt zu der Hoffnung, dass er künftig bei grösserer Herrschaft über sich selbst noch Erfreulicheres leisten wird. Als Anerkennung für seine Lösung der gestellten Preisaufgabe und als Sporn zu weiterer selbständiger wissenschaftlicher Thätigkeit erteilt die Fakultät dem Verfasser einen Preis.

Nach Eröffnung des verschlossenen Zettels zeigt sich als Verfasser der Preisschrift:

August Baer, stud. hist. aus Frankfurt a. M.

Die von der medizinischen Fakultät gestellte Preisfrage hat bedauerlicher Weise keine Beantwortung gefunden.

Für das nächstfolgende Studienjahr werden folgende Preisaufgaben gestellt:

Von der theologischen Fakultät:

„Die Lehre der lutherischen Dogmatiker vom ordo salutis soll hinsichtlich ihrer systematischen Gliederung und ihrer Einfügung in das dogmatische Gesammtsystem geprüft werden."

Von der juristischen Fakultät:

1. Voraussetzungen der actio legis Aquiliae in ihrer Hauptform und ihren Nebenformen nach römischem Rechte.
2. Der gerichtliche Schutz des inländischen Gläubigers gegen den ausländischen Schuldner.

Von der medizinischen Fakultät:

„In den Lymphdrüsen kommen unter normalen und pathologischen Verhältnissen Kern- und Zelltheilungen vor. Es soll untersucht werden, nach welchen Typen, an welchen Zellformen und in welchen Abschnitten der Lymphdrüsen sich dieselben vollziehen."

Von der philosophischen Fakultät:

I. Der pyrogenische Gemengteil des Nephelingesteins vom Katzenbuckel im Odenwald soll nach seiner chemischen Zusammensetzung, seiner Krystallform und seinem optischen Verhalten untersucht werden.

II. Es wird verlangt eine politische Erörterung über die moderne Forderung, dass die Nationalität als entscheidendes Prinzip der Staatenbildung zur Geltung komme.

III. In jüngster Zeit sind durch Höpken, Dörpfeld, v. Wilamowitz von den früheren wesentlich abweichende Meinungen über die Entwickelungsgeschichte des griechischen Theaters aufgestellt worden. Wie sich zu diesen Ansichten die von der Bühne beeinflussten Darstellungen griechischer Vasen verhalten, soll in der Weise untersucht werden, dass diese Darstellungen gesammelt, örtlich und zeitlich geordnet und alsdann die entsprechenden Schlüsse gezogen werden.

Das grosse Universitäts-Jubelfest scheint auf die Bearbeitung der alten Preisaufgaben nicht sonderlich günstig eingewirkt zu haben. Möge das neue Leben, das jezt begonnen, auch diesem Zweige der akademischen Tätigkeit zu gute kommen.

Ich schliesse die Feier mit dem ebenso ehrfurchtsvollen wie aufrichtigen Danke für Alles, was Seine Königliche Hoheit der Grossherzog, unser Rector magnificentissimus, im Laufe des Jares für die Hochschule getan, und knüpfe daran die wärmsten Segenswünsche für Seine Königliche Hoheit und für das ganze Grossherzogliche Haus.

Beilage I.

Verzeichniss

der

Ehrengeschenke und Glückwünsche zum Universitätsjubiläum Heidelberg 1886.

I. Von Seiner Königlichen Hoheit dem Grossherzog:
1. Eine goldene Kette mit Medaillon für den jeweiligen Prorektor.
2. Ein Siegel der Universität mit vergoldetem Griff (nebst einem Siegel ohne Griff).

II. Von Ihrer Königlichen Hoheit der Frau Grossherzogin:
1. Ein Thronsessel in die Aula für den Rector magnificentissimus.
2. Eine kostbare Schreibmappe.

III. Von Seiner Heiligkeit dem Papste Leo XIII.:
1. Codices Manuscripti Palatini Graeci bibliothecae Vaticanae descripti ..... recensuit et digessit Henricus Stevenson senior. Romae 1885. 4°.
2. Codices Palatini Latini bibliothecae Vaticanae descripti ..... recensuit et digessit Henricus Stevenson junior, recognovit J. B. de Rossi. Praeit commentatio J. B. de Rossi de origine, historia, indicibus scrinii et bibliothecae sedis apostolicae. Tomus I. Romae 1886. 4°.
3. Inventario dei libri stampati Palatino-Vaticani edito per ordine di S. S. Leone XIII. P. M. da Enrico Stevenson giuniore. Volume I. II. Roma 1886. 4°. 4 Bände in Prachteinband.

IV. Vom Grossherzoglichen Ministerium der Justiz, des Cultus und Unterrichts:
Die Manessische Liederhandschrift der Pariser Nationalbibliothek. Photographische Nachbildung in 4 Prachtbänden. Fol.

V. Von der Stadt Heidelberg (Stadtrath und Stadtverordneten-Vorstand):
Marmorbüste Seiner Königlichen Hoheit des Grossherzogs für die Aula nebst einer Adresse mit Malerei von Hermann Lender in Mappe von grünem Leder mit rother Sammteinlage, goldenem Wappen und goldenem Beschlag in grösstem Format.

VI. Von den Frauen und Töchtern der akademischen Lehrer in Heidelberg:
1. Eine Fahne für die allgemeine Studentenschaft nebst Stiftungsurkunde in Ledermappe.
2. Eine gestickte Decke für die Universitäts-Scepter.

VII. **Von akademischen Lehrern der Universität Heidelberg,**
welche in den Jahren 1878—1883 öffentliche Vorträge gehalten haben:
Ein silbernes, vergoldetes Tintenfass nebst Stiftungsurkunde in Ledermappe.

VIII. **Von ehemaligen Studenten der Universität:**
Eine Stiftung für Stipendien an hiesige Dozenten nebst Statut in Mappe von olivefarbenem Sammt mit Silberbeschlag und Urkunde mit Malerei von Adolf Hauser (Mannheim), in Mappe von verschiedenfarbigem Leder mit Goldpressung.

IX. **Von ehemaligen Heidelberger Studenten aus der Schweiz:**
Mobiliar für das Sitzungszimmer des engeren Senats (Sitzungstisch, Sessel, Schrank, Schenktisch und Uhr) nebst deutscher Adresse in rothsammtener Kapsel.

X. **Vom Stiftungsrathe der Peter Wilhelm Müller-Stiftung in Frankfurt:**
1000 Mark für Stipendienzwecke.

XI. **Von einem ungenannt sein Wollenden:**
2500 Mark.

XII. **Von Herrn Geh. Rath Prof. Dr. Czerny:**
2000 Mark, Stiftung für die chirurgische Klinik des akademischen Krankenhauses dahier.

XIII. **Verzeichniss der von Verschiedenen gestifteten Kunstwerke:**
1. Von Herrn Jäger dahier: Abguss der sogen. Schlangentopfwerferin aus dem pergamenischen Gigantenfries (dem archäologischen Museum).
2. Von Herren Gebr. Meder (Amsler & Ruthardt) in Berlin: Ein Bild von Heidelberg unter Glas und Rahmen (für das Senatszimmer).
3. Von Herrn Bildhauer Greiff in Heidelberg: Todtenmaske von Ludwig Hänsser.
4. Von Herrn Privatdozent Dr. Frhr. von Reichlin-Meldegg: Ein Bild (Federzeichnung von G. Ph. Schmidt) des Prof. K. A. von Reichlin-Meldegg.
5. Von Herrn Buchhändler Petters dahier: Festzugs-Album.
6. Von Herrn Kunsthändler von König dahier: Desgleichen.
7. Von Herrn Photograph Aug. Ries dahier: 26 Photographien des Festzugs.
8. Von Herrn Dr. Iselin in Benikon: Lithographien vom Auszug der Studenten aus Heidelberg.

XIV. **Literarische Festgeschenke:**
I. Festschriften.
A. Von Universitäten und technischen Hochschulen:
1. Von der technischen Hochschule in Aachen: Jürgens, Enno, Zur Auflösung linearer Gleichungssysteme und numerischen Berechnung von Determinanten. Aachen 1886. 4°.
2. Von der Universität Basel: Jacob Maehly, Zur Kritik lateinischer Texte und Otto Behaghel, Zur Frage nach einer mittelhochdeutschen Schriftsprache. Basel 1886. 4°.

3. Von der Universität Bern: Litterarum universitati Heidelbergensi gratulatur Litterarum universitatis Bernensis rector et senatus. Insunt professorum atque alumnorum Heidelbergensium epistulae, edidit Hermannus Hagen. Bernae 1886. 4°.
4. Von der Universität Bonn: Festschrift zur fünften Säcularfeier der Carl-Ruprechts-Universität zu Heidelberg, überreicht vom Rector und Senat der Rheinischen Friedrich-Wilhelms-Universität. (Acta S. Marinae et S. Christophori edidit Hermannus Usener.) Bonn 1886. 8°.
5. Von der Universität Breslau: Brie (Siegfried), Theorie der Staatsverbindungen. 1886. 4°.
6. Von der Universität Christiania: Joannis Agricolae Islebiensis apophthegmata nonnulla ed. Dr. Ludw. Daae. Christianiae 1886. 4°.
7. Von der Universität Dorpat: Rohland (W. von). Die Gefahr im Strafrecht. Dorpat 1886. 8°.
8. Von der Universität Erlangen: Marquardsen (Heinrich). Karl Adolph von Vangerow und Robert von Mohl. Zwei Erinnerungsblätter. Erlangen 1886. 4°.
9. Von der Universität Rostock: Zur fünften Säcularfeier der Universität Heidelberg im Sommer 1886. Festschrift der Landesuniversität Rostock. (Zur Division der Hyperelliptischen Funktionen erster Ordnung von Martin Krause.) Rostock 1886. 4°.
10. Von der Universität Zürich: Steiner (Heinrich). Der Zürcher Professor Johann Heinrich Hottinger in Heidelberg. 1655—1661. Zürich 1886. 4°.

B. Von Instituten und Vereinen:

1. Von den Badischen Gymnasien: Festschrift der Badischen Gymnasien. Gewidmet der Universität Heidelberg zur Feier ihres 500jährigen Jubiläums. Karlsruhe 1886. 4°.
2. Von dem physiologischen Institut der Universität Bern: Arbeiten aus dem physiologischen Institute der Universität Bern. Herausgegeben von Hugo Kronecker. München 1886. 8°.
3. Von dem naturhistorisch-medicinischen Verein in Heidelberg: Festschrift zur Feier des fünfhundertjährigen Bestehens der Ruperto-Carola. Dargebracht von dem naturhistorisch-medicinischen Verein zu Heidelberg. Mit Beiträgen von J. Arnold, F. Blochmann, O. Bütschli, F. A. Kehrer, W. Kühne, K. Mays, E. Pfitzer, F. Schultze, J. Steiner. Heidelberg 1886. 8°.
4. Von dem historisch-philosophischen Verein zu Heidelberg: Festschrift zur 500jährigen Stiftungsfeier der Universität Heidelberg mit Beiträgen von K. Hartfelder, G. Weber, W. Oncken, C. Lemcke, W. Wundt, H. Holtzmann, A. v. Kirchenheim. Leipzig 1886. 8°.

5. Von der Universitätsbibliothek in Heidelberg: Pfälzische Bibliographie. Verzeichniss der Pfälzer Broschüren aus der Sammlung des Herrn Albert Mays in Heidelberg zur 500jähr. Jubelfeier der Ruperto-Carola. Herausgegeben von der Universitätsbibliothek in Heidelberg. Heidelberg 1886. 8°.
6. Von dem S.-C. in Heidelberg. Das Corpsleben in Heidelberg während des 19. Jahrhunderts. Heidelberg 1886. 8°.
7. Von dem Schlossverein in Heidelberg. Mittheilungen zur Geschichte des Heidelberger Schlosses. I Heidelberg 1886.
8. Von der Realschule in Heidelberg: Salzer (Robert), Beiträge zu einer Biographie Ottheinrichs. Heidelberg 1886. 4°.
9. Von dem städtischen Laboratorium in Heidelberg: Sachs (Th.), Zweiter und dritter Jahresbericht des städtischen Laboratoriums Heidelberg. Heidelberg 1886. 8°.
10. Von dem General-Landesarchiv in Karlsruhe: Ueber die Lehnbücher der Kurfürsten und Pfalzgrafen Friedrich I. und Ludwig V. Karlsruhe 1886. Fol.
11. Von dem Verein für Geschichte der Deutschen in Böhmen zu Prag: Höfler (Constantin Ritter von), Zum Jubiläum der Universität Heidelberg. Prag 1886. 8°.
12. Von dem Historischen Verein der Pfalz in Speyer: Die Ausgrabungen des Histor. Vereins der Pfalz während der Vereinsjahre 1884/85 und 1885/86. Speyer 1886. 4°.

C. Von einzelnen Personen:

1. Von Kommerzienrath Dr. Adam in München: Inclytae litterarum universitati Ruperto-Carolae solemnia saecularia quinta celebranti pia vota suscipit Philippus Ludovicus Adam. Accedunt fragmenta quaedam quae ad historiam universitatis Heidelbergensis pertinent. Monachii 1886. 8°.
2. Von Professor Dr. Bassermann in Heidelberg dessen: Akademische Predigten. Stuttgart 1886. 8°.
3. Von Geh. Rath Professsor Dr. Immanuel Bekker in Heidelberg: Dessen System des heutigen Pandektenrechts. Band I. Weimar 1886. 8°.
4. Von Professor Dr. A. Bernthsen in Heidelberg dessen: Lehrbuch der organischen Chemie. Braunschweig 1886. 8°.
5. Von der Buchhandlung A. Bonz Erben in Stuttgart: Akademische Monatshefte. Illustrirte Heidelberger Jubiläums-Nummer. München 1886. 4°.
6. Von Professor Dr. O. Bütschli in Heidelberg dessen Schrift: Zoologie, vergleichende Anatomie und die zoologische Sammlung an der Universität Heidelberg seit 1800. Heidelberg. 1886. 8°.
7. Von Professor Dr. H. Buhl in Heidelberg dessen Werk: Salvius Julianus. I. Theil. Heidelberg 1886. 8°.
8. Von D. Paulus Cassel in Berlin dessen Schrift: Der Name Heidelberg. Berlin 1886. 8°.

9. Von Karl Christ in Heidelberg dessen Schriften: a. Das erste Heidelberger Fass. Eine Jubiläumsstudie. Heidelberg 1886. 8°. b. Gesammelte Aufsätze über das rheinische Germanien. Heidelberg 1886. 8°.
10. Von Professor Dr. Erb in Heidelberg dessen Werk: Die Thomsen'sche Krankheit. Leipzig 1886. 8°.
11. Von Kirchenrath Professor Dr. Gass in Heidelberg dessen Geschichte der christlichen Ethik. II. Band. 1. Abtheilung. Berlin 1886. 8°.
12. Von Buchhändler Karl Groos in Heidelberg: Zusammenstellung der Vorlesungen, welche im Sommerhalbjahr 1804 bis 1886 auf der Universität Heidelberg angekündigt worden sind.
13. Von Dr. Adolf Haseuclever, Pastor in Braunschweig, dessen Werk: Der altchristliche Gräberschmuck, ein Beitrag zur christlichen Achäologie. Braunschweig 1886. 8°. (Der theologischen Facultät gewidmet).
14. Von Dr. Alfred Holder, Bibliothekar in Karlsruhe: Rufi Festi Avieni carmina recensuit A. Holder. Ad Aeni Pontem 1886. 8°.
15. Von Professor Dr. Carl Holsten in Heidelberg, dessen Schrift: Die synoptischen evangelien nach der form ihres inhaltes. Heidelberg 1885. 8°.
16. Von Buchhändler Gustav Koester in Heidelberg: L. Palatinus, Die Scheidemauer in der Heiliggeistkirche zu Heidelberg. 1886. 8°.
17. Von Theodor Kewitsch, erstem Seminarlehrer in Berent, Westpreussen: Symphonie „Alte Burschenherrlichkeit", Op. 55. Manuscript.
18. Von Geh. Hofrath Prof. Dr. Leo Königsberger in Heidelberg. Dessen Schrift: Beweis von der Unmöglichkeit der Existenz eines andern Functionaltheorems als des Abel'schen. Berlin 1886. 4°.
19. Von Geh. Rath Prof. Dr. Kühne in Heidelberg, dessen Werk: Neue Untersuchungen über motorische Nervenendigung. München 1886. 8°.
20. Von Dr. J. Leyser in Neustadt a. H., dessen Schrift: Die Neustadter Hochschule (Collegium Casimirianum). Neustadt a. H. 1886. 4°.
21. Von Pfarrer G. Linder in Riehen-Bettingen, Kanton Basel-Stadt, dessen Schrift: Sulcerana Badensia. Heidelberg 1886. 8°.
22. Von Rath A. Mays in Heidelberg: 1. Heidelberg, gefeiert von Dichtern und Denkern seit fünf Jahrhunderten. Heidelberg 1886. 8°. 2. Erklärendes Verzeichniss der vormals gräflich von Graimberg'schen, jetzt städtischen Kunst- und Gemäldesammlung. 2. Aufl. Heidelberg 1886. 8°.
23. Von Professor Dr. H. v. Meyer in Zürich, dessen Werk: Missbildungen des Beckens unter dem Einflusse abnormer Belastungsrichtung. Jena 1886. Fol.
24. Von Dr. med. K. Mittermaier und Dr. jur. F. Mittermaier, deren Schrift: Bilder aus dem Leben von K. J. A. Mittermaier. Heidelberg 1886.
25. Von Karl Morneweg in Gross-Biberau, dessen Schrift: Johann von Dalberg, ein deutscher Humanist und Bischof (geb. 1455, † 1503). Heidelberg 1886. 8°.

26. Von Professor August Palm in Mannheim, dessen: Quohelet Litteratur, ein Beitrag zur Geschichte der Exegese des alten Testaments. Mannheim 1886. 8°. (Der theologischen Fakultät gewidmet.)
27. Von Buchhändler Otto Petters in Heidelberg: 1) Mays, Heidelberg, gefeiert von Dichtern und Denkern seit fünf Jahrhunderten. Heidelberg 1886. 8°. 2) Burschenlieder. Hoch Heidelberg! von R. Holsten. Heidelberg 1886. 12°. 3) Heidelberger Studentenleben Einst und Jetzt. Eine Festgabe zur 500jährigen Jubelfeier der Ruperto-Carola. Heidelberg 1886.
28. Von Dr. Friedrich Pfaff, Bibliotheksassistent in Freiburg i. B., dessen: Romantik und germanische Philologie. Vortrag. Heidelberg 1886. 8°.
29. Von der Redaktion der Akademischen Monatshefte in München (Dr. Paul von Salvisberg): Akademische Monatshefte. Illustrirte Heidelberger Jubiläums-Nummer. München 1886. 4°.
30. Von Josef Rheinberger in München: Vorwärts, Gedicht von Remy, für Männerchor zum 500jährigen Jubiläum der Universität Heidelberg componirt und dem akademischen Gesangverein gewidmet. Leipzig 1886.
31. Von W. F. Schüler in Ansbach, dessen Schrift: Die allgemeine Derivation, ein neuer Grundbegriff der Funktionenrechnung. Ansbach 1886. 8°.
32. Von Dr. Nicolaus Thoemes in Heidelberg, dessen Schrift: Das Stift der Königlichen Kapelle zum Heiligen Geist und die Universität Heidelberg in ihrer Verbindung von 1413. Heidelberg 1886. 8°.
33. Von Dr. Gustav Toepke in Heidelberg: Matrikel der Universität Heidelberg. 2 Bände. Heidelberg 1884—86.
34. Von Dr. Uschner in Oppeln, dessen: Die Fee von Heidelberg. Festspiel in 3 Aufzügen. Heidelberg 1886. 8°.
35. Von Professor Dr. Ferdinand Vetter in Bern: Das Schachzabelbuch Kunrats von Ammenhausen. Herausgegeben von Ferdinand Vetter. Frauenfeld 1887. 8°.
36. Vom Kaiserl. Russ. Geheimerath Dr. Chr. Fr. von Walther in St. Petersburg: eine Auswahl seiner neuesten lateinischen Gedichte mit deutscher Uebersetzung, darunter ein Gedicht zu Ehren des Kaisers Wilhelm, der Heidelberger Universität gewidmet, nebst einem eingeschriebenen lateinischen Festgruss. 8°.
37. Von Dr. Karl Wassmannsdorff in Heidelberg: Des Pritschenmeisters Lienhard Flexel Reimspruch über das Heidelberger Armbrustschiessen des Jahres 1554. Heidelberg 1886. 8°.
38. Von Buchhändler Karl Winter in Heidelberg: a. Almanach der Universität Heidelberg von Dr. Paul Hintzelmann Heidelberg 1886. 8°. b. Die Heidelberger Universitätsjubiläen der früheren Jahrhunderte. Von K. Rupertophilus. Heidelberg 1886. 8°.
39. Von Musikdirektor Wolfrum in Heidelberg: Klavierauszug seiner Komposition des „grossen Halleluja von Klopstock".
40. Von Oberbibliothekar Hofrath Dr. Zangemeister in Heidelberg: Ansichten des Heidelberger Schlosses bis 1764. Heidelberg 1886. 8°.

II. Büchergeschenke.

A. Grössere Stiftungen von Buchhändlern *):

1. Die Weidmann'sche Buchhandlung (H. Reimer) in Berlin.
2. F. C. K. Mohr (Paul Siebeck), Freiburg i. B.
3. F. A. Perthes in Gotha.
4. Rudolf Klein in Kopenhagen.
5. F. A. Brockhaus in Leipzig.
6. Duncker & Humblot (Carl Geibel) in Leipzig.
7. Wilhelm Engelmann (Rudolf Engelmann) in Leipzig.
8. F. C. W. Vogel (Dr. Lampe-Vischer) in Leipzig.
9. † Nicolaus Trübner in London.
10. Karl J. Trübner in Strassburg.

B. Sonstige Büchergeschenke:

Karlsruhe.
Herren Gebr. Pollmann.

Heidelberg.
Herr Dr. med. Hegewald.
Herr Direktor a. D. Dr. G. Weber.

Augsburg.
Herr Dr. L. Fikentscher.
Herr Kapellmeister Dr. H. M. Schletterer.

Berlin.
Herr Lehrer für Handels-Wissenschaft M. Bauer.
Herr Geh. Oberregierungsrath Dr. Gerstner.
Herr Dr. jur. A. Konicki.
Herr Professor Dr. F. A. Märcker.
Herr Musikdirektor H. Schnell.
Herr Geh. Rath Professor Dr. E. Zeller.

Bonn.
Herr Professor Dr. Binz.

Breslan.
Herr Professor Dr. H. Cohn.

Coblenz.
Herr Rechtsanwalt Justizrath Adams.

Eutin.
Herr Hofrath Dr. Pauli.

Landau.
Herr Direktor Ch. F. Maurer.

Mühlhausen i. E.
Herr Professor Dr. Goppelsroeder.

Nördlingen.
Herr A. Frickhinger.

Speyer.
Herr Zahnarzt Ph. Detzner.

Strassburg i. E.
Herr Dr. L. von Jan.

Tübingen.
Herr Universitäts-Bibliothekar Dr. Thomae.

Czernowitz.
Herr H. Czopp.

*) Die hier verzeichneten Buchhändler haben entweder ihren Gesammtverlag zur Auswahl des in der Universitäts-Bibliothek Fehlenden zur Verfügung gestellt oder grosse Sammlungen, zum Theil in Prachtbänden, gestiftet. In dem Vermächtniss von N. Trübner befinden sich auch 140 Bände Handschriften und 13 Folianten mit Carricaturen.

Hermannstadt.
Das Landesconsistorium der evang Kirche A. B. in Siebenbürgen.
Die ehemaligen Heidelberger Studenten in Siebenbürgen:
Herr A. Amlacher.
Herr F. Berwerth.
Herr W. Berwerth.
Herr K. Gross †
Herr G. Heinrich.
Herr H. Herbert.
Herr J. Hillner.
Herr K. F. Jickeli.
Herr J. Roemer.
Herr G. Schuller.
Herr F. Teutsch.
Herr K. Wolff.
Herr F. Zintz.

Wien.
Herren Verlags-Buchhändler Bermann & Altmann.

Grandson.
Herr Pastor E. Combe.

Neuchâtel.
Herr Advokat und Professor P. Jacottet.

Eh-en-Wiel (Gelderland).
Herr J. Anspach.

Rotterdam.
Herr F. Gernsheim.

Utrecht.
Herr J. G. F. Riedel.

Cambridge.
Herr Kingsley Spencer, M. A., Ph. D.

Sheffield.
Herr Th. Andrews, Assoc. M. Inst. C. E., F. C. S.

Tavistock.
Herr E. Dingle.

Paris.
Herr Th. W. Evans, M. D.
Herr P. Ristelhuber.
Herr J. Zeller, Président de l'Institut de France.

Neapel.
Herr Dr. B. Capasso, Director des Staatsarchivs.

Petersburg.
Herr Dr. F. G. von Herder, k. r. Hofrath, Bibliothekar am k. botan. Garten.
Herr J. Zvetaieff.

Riga.
Herr Collegienrath G. Eckers.

Warschau.
Herr Dr. A. Rembowski.

Montreal.
Herr Prof. J. Clark Murray, L. L. D.

New-York.
Herr S. T. Lowrie.

XV. Verzeichniss der beim Jubiläum überreichten Adressen.
I. Deutsche Universitäten und Akademien im Reich.
1. Die Universität Berlin: Lateinische Adresse in Mappe.
2. Das Königliche Lyceum Hosianum in Braunsberg: Lateinische Adresse in Kapsel.
3. Die Universität Erlangen: Lateinische Adresse in Kapsel.
4. Die Universität Freiburg i. B.: Lateinische Votivtafel in Erz.

5. Die Universität Giessen: Deutsche Adresse in Mappe.
6. Die Gesellschaft der Wissenschaften zu Göttingen: Deutsche Adresse in Mappe.
7. Die Universität Göttingen: Lateinische Adresse in Kapsel.
8. Die Universität Greifswald: Lateinische Adresse in Kapsel.
9. Die Universität Halle: Lateinische Adresse in Kapsel.
10. Die Universität Jena: Lateinische Adresse in Kapsel.
11. Die Universität Kiel: Lateinische Adresse in Mappe.
12. Die Universität Königsberg: Deutsche Adresse in Mappe.
13. Die Königlich Sächsische Gesellschaft der Wissenschaften in Leipzig: Deutsche Adresse in Mappe.
14. Die Universität Leipzig: Lateinische Adresse in Kapsel.
15. Die Universität Marburg: Lateinische Adresse mit lateinischem Gedicht in Mappe.
16. Die Königl. Bayerische Akademie der Wissenschaften in München: Deutsche Adresse in Kapsel.
17. Die Universität München: Lateinische Adresse in Mappe.
18. Die Akademie Münster: Deutsche Adresse in Mappe.
19. Die Universität Strassburg: Lateinische Adresse in Mappe.
20. Die Universität Tübingen: Lateinische Adresse mit Malerei in Mappe.
21. Die Universität Würzburg: Lateinische Adresse mit Malerei in Kapsel.

II. Deutsche Universitäten in Oesterreich.

22. Die Universität Czernowicz: Deutsche Adresse in Mappe.
23. Die Universität Graz: Deutsche Adresse in Mappe.
24. Die Universität Innsbruck: Deutsche Adresse mit Malerei (von E. Löhnz) in Mappe.
25. Die deutsche Universität Prag: Deutsche Adresse in Mappe.
26. Die kaiserliche Akademie der Wissenschaften in Wien: Deutsche Adresse in Kapsel.
27. Die Universität Wien: Lateinische Adresse in Mappe.

III. Universitäten deutscher Zunge im Ausland:

28. Die Universität Bern: Lateinische Adresse in Kapsel.
29. Die Universität Dorpat: Lateinische Adresse in Kapsel.

IV. Die technischen Hochschulen:

30. Die technische Hochschule in Aachen: Deutsche Adresse in Kapsel.
31. Die technische Hochschule in Berlin: Deutsche Adresse in Kapsel.
32. Die technische Hochschule in Braunschweig: Deutsche Adresse in Mappe.
33. Die technische Hochschule in Darmstadt: Deutsche Adresse mit Malerei in Leder-Umschlag.

34. Die technische Hochschule in Dresden: Deutsche Adresse in Mappe.
35. Die technische Hochschule in Hannover: Deutsche Adresse in Kapsel.
36. Die technische Hochschule in Karlsruhe: Deutsche Adresse mit Malerei in Mappe.
37. Die technische Hochschule in München: Deutsche Adresse mit Malerei (von M. Dülfer) in Mappe.
38. Die technische Hochschule in Stuttgart: Deutsche Adresse in Kapsel.

V. **Die Universitäten und Akademien des Auslandes:**
a. Dänemark.
39. Die Universität Kopenhagen: Lateinische Adresse in Mappe.
40. Die königlich dänische Gesellschaft der Wissenschaften in Kopenhagen: Lateinisches Glückwunschschreiben.

b. England.
41. Die Universität Cambridge: Lateinische Adresse.
42. Die Universität Edinburgh: Lateinische Adresse in Mappe.
43. Royal Society in London: Gratulationsschreiben.

c. Frankreich.
44. Das Institut de France: Französische Adresse in Mappe.
45. Les facultés de Paris: Französische Adresse in Mappe.

d. Holland.
46. Die Universität Amsterdam: Lateinische Adresse mit Malerei in Kapsel.
47. Die Universität Groningen: Lateinische Adresse in Kapsel.
48. Die Universität Leiden: Lateinische Adresse in Kapsel.
49. Die Universität Utrecht: Lateinische Adresse in Kapsel.

e. Italien.
50. Die Universität Turin: Italienische Adresse.

f. Nordamerika.
51. The Harvard University in Cambridge U. S.: Englisches Glückwunschschreiben.

g. Russland.
52. Die Universität Helsingfors: Lateinische Adresse in Mappe.
53. Die kaiserliche Akademie der Wissenschaften in St. Petersburg: Lateinische Adresse in Kapsel.

h. Schweden.
54. Die Universität Lund: Lateinische Adresse in Kapsel.
55. Die königlich schwedische Akademie der Wissenschaften in Stockholm: Lateinische Adresse in Kapsel.
56. Die Universität Upsala: Lateinische Adresse in Mappe.

VI. **Weitere officielle Gratulationen:**
57. Der Stadtrath der Haupt- und Residenzstadt Karlsruhe: Deutsche Adresse auf Pergament, kalligraphisch ausgeführt.

58. Das Landesconsistorium der evangelischen Kirche A. B. in Siebenbürgen: Deutsche Adresse (nebst litterarischen Gaben).
59. Die Egyptische Regierung beauftragte Herrn Professor Dr. A. Eisenlohr zu Heidelberg, die Glückwünsche seiner Hoheit des Khediven zu überbringen.

VII. Sonstige Glückwunschschreiben:

60. Johns Hopkins University in Baltimore: Gratulationsschreiben.
61. The Scotish Geographical Society in Edinburgh: Gratulationsschreiben.
62. Der Rektor der königl. ungarischen Rechtsakademie in Grosswardein Aloysius Bozóki de Bozók: Lateinisches Glückwunschschreiben.
63. Die Universität Kasan: Lateinische Adresse.
64. Die Universität Moskau: Lateinische Adresse in Kapsel.
65. Die Petrowskysche Agrar- und Forstakademie bei Moskau: Russische Adresse (mit deutscher Uebersetzung) in Kapsel.
66. Der Dörpt'sche Chargirten-Convent. Deutsche Adresse mit gemaltem Widmungsblatt (von O. Felcho) in Mappe.
67. Das Gymnasium in Landau: Lateinische Adresse.
68. Das Gymnasium in Tauberbischofsheim: Lateinische Adresse.
69. Verein für Naturkunde in Offenbach: Deutsches Glückwunschschreiben.
70. Opificio di Colleganza fra Artisti ed Operaj diversi in Venedig: Votivtafel in italienischer Sprache, gebildet aus Glasperlen in Goldrahmen.
71. Schreibkünstler J. Sofer in Wien: Adresse auf einem Weizenkorn.

u. a. m.

XVI. Poetische Festgrüsse.

1. Von Herrn Collegienrath Gustav Eckers in Riga: „Die Gründung Heidelbergs. Festgedicht. Riga 1886."
2. Von Herrn Otto Fleischmann in Kaiserslautern: ein Lied „Heidelberg".
3. Von Herrn Emanuel Hiel in Brüssel: „Ruperto-Carolina. Aan de Hoogeschool van Heidelberg 1386—1886". Holländisches Gedicht, handschriftl.
4. Von Herrn Dr. Lobstein in Heidelberg: „Helios. Ein Festgruss in alcaeischer Strophe zum 500jährigen Jubiläum der Universität Heidelberg".
5. Von Herrn Dr. Friedrich Pfaff in Freiburg i. B.: „Festgruss", als Begleitung eines literarischen Geschenks.
6. Von Herrn Francesco Pogliano in Mannheim: Festgedicht in italienischer Sprache.
7. Von Herrn Dr. Saunemann in Hamburg: Festspruch von Traugott Ungenand.
8. Von Herrn William Thieme in Halle a. S.: „Poetisches Quodlibet." Handschrift in Sammtband mit Stickerei.

u. a. m.

XVII. Telegramme.

1. Aussee, Corona Deutscher aus Oesterreich.
2. Berlin, Professorenschaft (Rector Kleinert).
3. Cambridge, Sir Henry Roscoe als Vertreter der Society Royal Williamson.
4. Charkow, Vorstand der Kais. Russ. Universität (Rector Sczelkow).
5. Chicago, Dr. Landau.
6. Dubbeln, Die Rigaer Liedertafel (O. Stieda).
7. Friedenau, Dr. Schadwill.
8. Galveston, Daniel Sachs.
9. Bad Gastein, Professor Teichmann und Professor Wroblewski aus Krakau.
10. Gettorf, Gräfin Noer.
11. Herbshausen, Landgraf Alexis von Hessen.
12. Irkutsk, Gesellschaft der Aerzte (Präsident Putzillo, Secretär Salonow).
13. Kischenef, Dr. Paul von Ditschesecnl.
14. Kodjor, Dr. Grigor Arzruni, Redacteur der armenischen Zeitung Mschak in Tiflis.
15. Kodjory, Haskel Sevastiakoff.
16. Krakau, Josephus Lepkowski, Rector der Universität.
17. Kronstadt (Siebenbürgen), Die „alten Häuser der Ruperto-Carola".
18. Mettmenstetten, Die historiche Gesellschaft Zürcher Theologen (i. A. Profesor Dr. Volkmar und Pfarrer Emil Egli).
19. Moskau, Dr. phil. Cech.
20. Moskau, Kaiserliche Gesellschaft der Naturforscher (Professor Lindenau).
21. Moskau, Professor Bobrost.
22. Moskau (durch Herrn Geheime Rath Fischer), Mansurof.
23. New-York, Verein alter Corptstudenten.
24. Niederoln (bei Mainz), Friedensrichter Adolf Grode (geb. 1793, 1814 u. 15 Stud.)
25. Odessa, Senatus caesareae universitatis rossicae (Rector Saroschenkoj).
26. Odessa, Naturforschergesesellschaft (Prof. Zalensky).
27. Oelsnitz, Der Verein Voigtsländischer Studirender zu Leipzig.
28. St. Petersburg, Kaiserliche Universität (Rector Andrewsky).
29. St. Petersburg (abgesandt aus Jarskö), Die russische physikalische Gesellschaft, Präsident Petsonschewsky.
30. St. Petersburg, Dr. Max Marschawsky.
31. San Francisco, Abrams, Birtan, Bekks, Black, Drexel, Ferner, Köbig, Miller, Maise, Mayer, Kiefer, Rosenstine, Söhlke, Wiltern, all to Heidelberg students.
32. St. Louis, Die alten Heidelberger von St. Louis; i. A. Carl Daenzer, Vorsitzender.
33. Sofia, Commilitonen.
34. Stargard, Pommern, Das Offizier-Corps in Colberg.
35. Teschen, Superintendent D. Theodor Haase.
36. Varna, Dr. Olss, Kreisphysikus.

37. Warschau, Commilitonen: Banzener, Bialecki, Bochenek, Doninirski, Dydynski, Ruskiewicz, Fritsche, Godlewski, Kronenberg, Krzeninski, Langie, Lasocki, Lasczynski, Marchwicki, Makoski, Niklaszewski, Niliker, Olendzki, Rackowicki, Stadnicki, Schlicke, Schoenborn, Szymanowski, Szymanski, Turski.
38. Warschau: Wladyslaw Kubitski.
39. Warschau: Sigismund von Ordega und Thadaeus Graf Lubinski.
40. Wien, Der Turn-Verein der Wiener Hochschule.
41. Wien, Niederwald-Verein der deutschen Reichsangehörigen.
42. Dr. Stoiloff, Dr. Pomianoff, Dr. Balabanoff

u. a. m.

Verzeichniss

der

Regierungen, Behörden, Gesellschaften und Privatpersonen, welche der Grossherzoglichen Universitätsbibliothek in der Zeit vom 1. November 1885 bis 31. Oktober 1886 Geschenke überwiesen haben*).

Karlsruhe.

Das Geh. Kabinet Sr. Kgl. H. des Grossherzogs.
Das Grossh. Staatsministerium.
Das Grossh. Ministerium der Justiz, des Kultus und Unterrichts.
Das Archivariat der Bad. I. u. II. Ständekammer.
Die Bad. historische Kommission.
Das Grossh. General-Landesarchiv.
Die Grossh. Hof- und Landesbibliothek.
Die technische Hochschule.
Die Generaldirection der Grossh. Staats-Eisenbahnen.
Die Handelskammer für den Kreis Karlsruhe.
Die Grossh. Sternwarte.
Die Grossh. Landesgewerbehalle.
Der Bad. Forstverein.
Herr Geh. Hofrath Dr. Wagner.

Heidelberg.

Die medicinische Fakultät.
Die philosophische Fakultät.
Das städtische Laboratorium.
Herr Geh. Rath Prof. Dr. Arnold.
Herr Geh. Rath Prof. Dr. Bartsch.
Herr Geh. Rath Prof. Dr. O. Becker.
Frau Dr. Eisenmenger.
Herr Geh. Rath Prof. Dr. Gegenbaur.
Frau Hofrath Gervinus.
Herr Prof. Dr. Hilgard.
Herr Buchbinder Carl Hohmeister.
Herr Privatdocent Dr. Holthausen.
Herr Prof. Dr. Ihne.
Herr Prof. Dr. von Kirchenheim.
Herr Buchhändler Koester.
Frau Dr. Elise Kroll.
Herr Dr. Lobstein.
Herr Bibliotheksdiener Mayer.

*) Die durch das Universitäts-Jubiläum veranlassten Büchergeschenke sind oben besonders verzeichnet.

Herr Prof. Dr Merx.
Herr Dr. Wolfg. Alex. Mayer.
Herr Verlagsbuchhändler E. Mohr.
Herr Dr. Monin.
Frau Gräfin Noer.
Herr Privatdocent Dr. da Gama Pinto.
Herr Geh. Hofrath Prof. Dr. Quincke.
Herr Prof. Dr. Schaible.
Herr Dekan Schellenberg.
Herr Hauptkassier Schleuning.
Herr Maler Guido Schmitt.
Herr Rechtspraktikant Schulz.
Herr Fechtlehrer Fr. Schulze.
Herr Geh. Rath Prof. Dr. Schulze.
Herr Gymnasiumsdirector a. D. Dr. Thilo.
Herr Prof. Dr. Wendt.
Herr Universitätsbibliothekar Dr. Wille.
Herr Geh. Hofrath Prof. Dr. Winkelmann.

Baden-Baden.
Herr Universitätsbibliothekar a. D. Dr. Schady.

Mannheim.
Die öffentliche Bibliothek.

Neckarsteinach.
Herr Pfarrer Schneider.

Pforzheim.
Herr Stadtpfarrer Brombacher.
Herr Moritz Müller sen.
Herr Joh. von Wildenradt.

Schlierbach.
Herr Dr. Deppe.

Welschneureuth.
Herr cand. theol. et phil. Gottlob Mayer.

Amberg.
Das Commando des 6. bayr. Infanterie-Regiments.

Berleburg.
Herr Dr. Voss.

Berlin.
Der Deutsche Reichstag.
Die Kaiserl. Admiralität.
Das Reichseisenbahnamt.
Das Preussische Abgeordnetenhaus.
Das Königl. Preuss. Ministerium für Landwirthschaft etc.
Die Königl. Bibliothek.
Die technische Hochschule.
Die Königl. Preuss. geologische Landesanstalt.
Das statistische Bureau der Stadt Berlin.
Die 59. Versammlung deutscher Naturforscher und Aerzte.
Die Niederländische Gesandtschaft.
Herren R. Friedländer und Sohn.
Herr Verlagsbuchhändler Paul Parey.
Herr Dr. Theod. Vatke.
Herr Dr. Websky.

Bonn.
Herr Prof. Dr. Birlinger.

Cöln.
Die Stadtbibliothek.

Darmstadt.
Die technische Hochschule.
Herr Ernst Wörner.

Dresden.
Die Königl. Sächs. Regierung.
Das Königl. Sächs. Finanzministerium.
Die Verwaltung der Königl. Sammlungen für Kunst und Wissenschaft.
Die Königl. öffentliche Bibliothek.
Das Königl. Sächs. statistische Bureau.
Die Erben des Krause-Leonhardi'schen Nachlasses.
Herr Dr. L. Naumann.

Eberswalde.
Die Hauptstation des forstl. Versuchswesens in Preussen.

Edenkoben.
Herr Subrector Schmitt.

Frankenthal.
Herr Dr. Demuth.
Frau Staatsprocurator Dupré.

Frankfurt a. M.
Herr Hotelbesitzer Theod. Drexel.
Herr Bibliothekar Dr. Kelchner.

Halle a. d. S.
Herr Prof. Dr. H. Thorbecke.

Hamburg.
Die deutsche Seewarte.
Das handelsstatistische Bureau.
Die Commerzbibliothek.
Herr Karl Dietrich.
Herr Director Dr. Genthe.

Höxter.
Herr Dr. Carl Frick.

Homburg v. d. H.
Herr Dr. G. Hünerfauth.

Leipzig.
Herr Privatdocent Dr. K. Walcker.

Mainz.
Die Stadtbibliothek.

München.
Die Centralcommission für wissenschaftl. Landeskunde von Deutschland.
Herr Prof. Dr. Brenner.
Herr J. B. Obernetter.

Münster.
Die Handelskammer

Ratibor.
Herr Gymnasiumsdirector Dr. Thiele.

Rostock.
Die Universitätsbibliothek.

Stettin.
Herr J. N. B. Cracau.

Stralsund.
Herr Dr. Reinke.

Strassburg.
Die 58. Versammlung deutscher Naturforscher und Aerzte.

Stuttgart.
Das Kgl. statist.-typographische Bureau.

Tübingen.
Die Universitätsbibliothek.

Worms.
Herr Freiherr Cornelius Heyl zu Herrnsheim.

Zwickau.
Herr Lic. Dr. Georg Buchwald.

Budapest.
Das statistiche Bureau.

Czernowitz.
Die Universität.

Graz.
Die Universität.
Das Johanneum.
Herr Franz Wodiczka.

Wien.
Die Direction des k. k. Haus-, Hof- und Staatsarchivs.
Herr Dr. Max Dietz.
Herr Dr. Heinrich Jacques.

Bern.
Die Schweizer. geolog. Kommission.
Herr Jules Gfeller.

Florimont.
Herr Inspector a. D. J. Naeher.

Genf.
Herr Pastor A. Guillot.

Stockholm.
Das Königl. Schwed. geologische Institut.

Bergen.
Das Museum.

Nijmegen.
Die Nederl. botanische vereeniging.

Antwerpen.
Die Gemeinde-Verwaltung.

Brüssel.
Die Universität.
Herr Dr. A. van Bastelaer.
Herr Bibliothekar Ruelens.
Herr G. A. van Trigt.

Gent.
Herr F. van der Haeghen.

Löwen.
Herr Archivar Alphonse Jacobs.

Edinburgh.
Das Royal Observatory.

Greenwich.
Das Royal Observatory.

Leamington.
Herr Edward Wilkinson.

London.
Her Majesty's Government.
Die Pathological Society.
Herr Robert Cust.

Oxford.
Die Bodleian Library.
Herr Walter Hobhouse.

Beaulieu-sur-mer.
Herr D. Goubareff.

Herment.
Herr Ambroise Tardien.

Paris.
Das Ministère des affaires étrangères.
Die Buchhandlung von Gauthiers-Villars.
Herr Dr. Mendelssohn.
Herr Bibliothekar J. B. Weckerlin.

Capua.
Herr Gabr. Jannelli.

Florenz.
Die Biblioteca nazionale centrale.

Neapel.
Die Accademia delle scienze fisiche e matematiche.

Palermo.
Die Biblioteca nazionale.

Rom.
Das Ministerio dell' interno.
Das Ministerio dell' istruzione publica.
Das Ministerio di agricoltura, industria e commercio.
Das R. Comitato geologico d'Italia.
Die Buchdruckerei der Propaganda.

Turin.
Herr Antonio Perato.

Coimbra.
Die Universität.

Berezan (Gouv. Pultawa).
Herr Platon Lucaschewitsch.

Krakau.
Herr Dr. S. Wroblewski.

Kronstadt.
Der Ausschuss zur Herausgabe der städtischen Geschichtsquellen.

Moskau.
Die landwirthschaftliche Akademie.

St. Petersburg.
Die Kaiserl. Akademie der Wissenschaften.
Herr R. von Mansurov.

Bukarest.
Herr Nicolas Blaramberg.

Konstantinopel.
Der Ἑλληνικὸς φιλολογικὸς Σύλλογος.

Berkeley (Calif.).
Die Universität.

Buenos-Aires.
Die Regierung der Argentin. Republik.

Cambridge (Mass.).
Das Museum of comparative zoology.
Chicago.
Die Allen Academy.
Columbia.
Die General Assembly of the state of South Carolina.
Grand Island (Nebraska).
Herr J. N. Lenker.
Ithaka (New-York).
Die Cornell University.
Madison (Wisc.).
Die University of Wisconsin.
Die Wisconsin state agricultural Society.
Das Departement of pharmacy.
Maracaibo.
Die Regierung der Section Zulia.
Mexiko.
Das Ministerio de fomento.
Das Osservatorio meteorológico-magnetico-central.
Minneapolis.
Das geological Survey Office.
Montreal.
Die Royal Society of Canada.
Das geolog. and nat. hist. Survey Office of Canada.
Herr W. Douw. Lichthall.
Newport (Rhode Island).
Herr George Gordon King.

New-York.
Die Astor Library.
Herr E. D. Cope.
Herren Ed. Hauselt und J. Birkner.
Ottawa (Canada).
Das geolog. and nat. hist. Survey Office.
Philadelphia.
Das Franklin Institute.
San Francisco.
Die mercantile Library Association.
St. Louis.
Herr Dr. A. C. Bernays.
Washington.
Das Departement of the Interior.
Das Bureau of Education.
Das Surgeon General's Office.
Das U. S. const. and geodetic Survey Office.
Manila.
Die Universidad de St. Thomas.
Calcutta.
Die Asiatic Society of Bengal.
Das geological Survey Office of India.
Tokio.
Herr Keiroku Tsudzuki.
Cairo.
Herr G. Maspéro, Dir. gen. des Musées d'Egypte.

Beilage II.

Verzeichniss

der

an der Universität Heidelberg vom 23. November 1885 bis zum 22. November 1886 Promovirten.

I. Ehrenpromotionen beim Jubiläum.

a. In der theologischen Fakultät:

1. Seine Königliche Hoheit der Grossherzog Friedrich von Baden.
2. Franz Ludwig von Stoesser, Präsident des evangelischen Oberkirchenraths in Karlsruhe.
3. Georg Sehringer, Dekan und Kirchenrath in Emmendingen.
4. Emil Zittel, Stadtpfarrer und Dekan in Karlsruhe.
5. Albert Helbing, Hofprediger in Karlsruhe.
6. Karl Heinrich Cornill, a. o. Professor in Königsberg.
7. Ernst Buss, Pfarrer in Glarus.

b. In der juristischen Fakultät:

1. Seine Königliche Hoheit der Erbgrossherzog Friedrich von Baden.
2. Rudolf von Bennigsen auf Bennigsen, Landesdirektor der Provinz Hannover.
3. Josef Bedeus Freiherr von Scharberg zu Hermannstadt in Siebenbürgen.
4. Karl Dorn zu Leipzig, Kgl. preuss. Geh. Justizrath.
5. Friedrich Kiefer, Präsident des Landgerichts zu Konstanz.
6. Richard Koch, Kgl. preuss. wirkl. Geh. Oberfinanzrath und Syndikus der deutschen Reichsbank zu Berlin.
7. Johann Gustav von Loeper, Kgl. preuss. wirkl. Geh. Oberregierungsrath zu Berlin.
8. Wilhelm Nokk, Geheimerath I. Kl. Exc., Präsident des Ministeriums der Justiz, des Kultus und Unterrichts zu Karlsruhe.
9. Rudolf Schöll, ordentl. Professor der Philologie zu München.

10. Karl Wilhelm von Stoesser, Senatspräsident des Oberlandesgerichts zu Karlsruhe.
11. William Stubbs, vormals Professor der Geschichte an der Universität zu Oxford, jetzt Bischof zu Chester.
12. Hippolyte Taine, Mitglied der französischen Akademie zu Paris.
13. Peter Willems, ordentl. Professor an der Universität zu Löwen.
14. Eduard Winkelmann, ord. Professor der Geschichte an der Universität Heidelberg.
15. Dr. Karl Zeumer, Mitherausgeber der Monumenta Germaniae zu Berlin.

c. In der medicinischen Fakultät:

1. Adolph Ritter von Baeyer, Dr. phil. o. ö. Professor der Chemie an der Universität München.
2. Alexander Graham Bell in Washington.
3. Michael Eugen Chevreul, ehemal. Professor der Chemie am Collège de France, Mitglied der französischen Academie und Administrator des Museums zu Paris.
4. Julius Jolly, beider Rechte Doctor, früher Grossh. bad. Staatsminister des Innern und jetziger Präsident der Grossh. bad. Oberrechnungskammer.
5. Johann Karl Galissard de Marignac, Dr. phil., ehemaliger Professor der Chemie und Mineralogie an der Academie und Universität zu Genf, Mitglied der französischen Academie.
6. Nils Adolph Erik Baron von Nordenskjöld, Dr. der Philosophie o. ö. Professor der Mineralogie und Mitglied der Königl. Schwedischen Academie der Wissenschaften zu Stockholm.
7. Ferdinand Freiherr von Richthofen, Dr. der Philosophie, o. ö. Professor der Geographie und Director des geographischen Apparates an der Universität zu Leipzig.
8. Sir Henry Enfield Roscoe, Dr. der Philosophie und der Rechte, Mitglied des englischen Parlaments und der Königl. Gesellschaft der Wissenschaften zu London.
9. Werner Siemens, Dr. der Philosophie, Kaiserl. Deutscher Geheime Regierungsrath und Mitglied der Königl. Academie der Wissenschaften zu Berlin.
10. Sir William Thomson, Dr. der Rechte, Professor der Physik an der Universität Glasgow, Mitglied der Königl. Gesellschaft der Wissenschaften zu London.
11. August Toepler, Dr. der Philosophie, Königl. Sächs. Geh. Hofrath und Professor der Physik am Königl. Polytechnikum zu Dresden.

d. In der philosophischen Fakultät:

1. Francesco Brioschi, Professor der Mathematik am Polytechnikum zu Mailand.
2. Bartolomeo Capasso, Superintendent der Archive Süditaliens und Director des Staatsarchivs zu Neapel.
3. Arthur Caylay, Professor der Mathematik an der Universität Cambridge.
4. Eduard Cope, Professor der Palaeontologie zu Philadelphia.
5. Alphonse Decandolle, Professor der Botanik zu Genf.
6. Josef Durm, Professor der Baukunst an der technischen Hochschule zu Karlsruhe.
7. Wilhelm Hauchecorne, Director der Kgl. preuss. geolog. Landesanstalt und Rektor der Bergakademie zu Berlin.
8. Max Jähns, Kgl. preuss. Oberstlieutenant vom Nebenetat des grossen Generalstabs.
9. Robert Koch, Professor der Hygieine an der Universität Berlin.
10. Othniel Marsh, Professor der Palaeontologie zu New-Haven in Nordamerika.
11. Simon Newcomb, Professor der Astronomie und Präsident des Bureau of navigation zu Washington.
12. Eduard Pflüger, Professor der Physiologie an der Universität Bonn.
13. Luigi Pigorini, Direktor des Museo italico zu Rom.
14. John Powell, Direktor des Geological Survey der Vereinigten Staaten von Nordamerika.
15. Henry Sweet, Privatgelehrter zu London.
16. Enrico Stevenson jun., Beamter der vatikanischen Bibliothek zu Rom.
17. John William Strutt, Lord Rayleigh, ehemals Professor der Physik an der Universität Cambridge.
18. Gustav Töpke, Dr. jur., Privatgelehrter zu Heidelberg.
19. Ludwig Turban, Grossh. Bad. Staatsminister und Präsident des Ministeriums des Innern, Exc. zu Karlsruhe.

II. Sonstige Promotionen.

a. In der juristischen Fakultät:

1. Asal Karl, aus Durlach, 24. November 1885.
2. Bernheim Benedikt, aus München, 24. November 1885.
3. v. Tuhr Andreas, aus Petersburg, 2. Dezember 1885.
4. Westphal Paul, aus Steglitz, 2. Dezember 1885.
5. Rombach Hermann, aus Furtwangen, 9. Dezember 1885.
6. Lohnstein Martin, aus Berlin, 16. Dezember 1885.
7. Messer Heinrich, aus Mainz, 16. Dezember 1885.
8. Bischoff Heinrich, aus Köln, 22. Dezember 1885.

9. Hitzschold Arthur, aus Dresden, 22. Dezember 1885.
10. Bodewig Heinrich, aus Wiesbaden, 23. Dezember 1885.
11. Stoeck Karl, aus Kreuznach, 23. Dezember 1885.
12. Freih. v. Bibra Richard Julius, aus München, 6. Januar 1886.
13. Bauer Alfred, aus Würzburg, 6. Januar 1886.
14. Lefo Max, aus Ludwigshafen, 7. Januar 1886.
15. Nieser Friedrich, aus Mannheim, 7. Januar 1886.
16. Kahn Richard, aus Mannheim, 8. Januar 1886.
17. Meister Karl Wilhelm, aus Frankfurt, 8. Januar 1886.
18. May Hugo Richard, aus Loban, 12. Januar 1886.
19. Hochgesand Wilhelm, aus Mainz, 17. Februar 1886.
20. Seitz Theodor, aus Seckenheim, 24. Februar 1886.
21. Mays Albert, aus Heidelberg, 24. Februar 1886.
22. Brugmann Hermann, aus Darmstadt, 25. Februar 1886.
23. Ackermann Hermann, aus Darmstadt, 25. Februar 1886.
24. Langheineken Karl, aus Chemnitz, 1. März 1886.
25. Pfitzner Alfred, aus Frankenberg, 1. März 1886.
26. Bondi Julius Karl, aus Dresden, 3. März 1886.
27. Stoeck Friedrich Karl, aus Kreuznach, 3. März 1886.
28. Neuschaeffer Hermann, aus Karlsruhe, 11. März 1886.
29. Eulitz Max Adolf, aus Pulsitz, 11. März 1886.
30. Levi Daniel, aus Zweibrücken, 12. März 1886.
31. Arendt Ludwig, aus Langenfeld, 12. März 1886.
32. Jenisch Martin Rücker, aus Hamburg, 7. April 1886.
33. Stuemer Alfred, aus Berlin, 5. Mai 1886.
34. Seidemann Paul, aus Zittau, 5. Mai 1886.
35. Wesener Karl, aus Wiesbaden, 12. Mai 1886.
36. Sachs Otto, aus Frankfurt, 12. Mai 1886.
37. Prüfer Arthur, aus Leipzig, 13. Mai 1886.
38. v. Szoldrski Joseph, aus Posen, 13. Mai 1886.
39. Süpfle Robert, aus Heidelberg, 15. Mai 1886.
40. Glock August, aus Mannheim, 15. Mai 1886.
41. Meissner Bernhard, aus Borne, 20. Mai 1886.
42. Waechter Gotthold, aus Marbach, 26. Mai 1886.
43. Bielefeld Richard, aus Karlsruhe, 2. Juni 1886.
44. Frenckel Michael, aus Kaiserslautern, 2. Juni 1886.
45. Kaercher Ernst, aus Rastatt, 10. Juni 1886.
46. Grosch Alfred L., aus Adelsheim, 10. Juni 1886.
47. v. Obernitz Friedrich Wilhelm, aus Berlin, 11. Juni 1886.
48. May Paul, aus Berlin, 11. Juni 1886.
49. Toepfer Adolf, aus Coburg, 18. Juni 1886.

50. Schuberg Georg Wilhelm, aus Karlsruhe, 18. Juni 1886.
51. Freund Georg, aus Breslau, 6. Juli 1886.
52. Roulet Heinrich, aus Locle, 7. Juli 1886.
53. Gaeng Oskar, aus Aarau, 7. Juli 1886.
54. Walz Ernst, aus Heidelberg, 15. Juli 1886.
55. Haensel Oskar, aus Zittau, 16. Juli 1886.
56. Alapin Jakob, aus Petersburg, 16. Juli 1886.
57. Schwarzlose Robert, aus Aken, 17. Juli 1886.
58. van Dyk-Matthey Karl, aus Belford, 17. Juli 1886.
59. v. Orelli-Corragioni Emanuel, aus Luzern, 20. Juli 1886.
60. Staeubli Jakob, aus Zürich, 20. Juli 1886.
61. Frenzei Max, aus Berlin, 22. Juli 1886.
62. Jung Ludwig, aus Freiensee, 22. Juli 1886.
63. v. Wilcke Georg, aus Dresden, 24. Juli 1886.
64. Nortz Jakob, aus Ruppertsberg, 24. Juli 1886.
65. Nohr Georg Alfred, aus Zwickau, 27. Juli 1886.
66. Reinholdt Karl Georg, aus Frankenberg, 27. Juli 1886.
67. Hetzel Max, aus Leipzig, 28. Juli 1886.
68. Gaertner Georg Robert, aus Dresden, 28. Juli 1886.
69. Fewson Georg A., aus Petersburg, 28. Juli 1886.
70. Graf Moerner de Morlanda Hjalmar, aus Weimar, 29. Juli 1886.
71. Graf v. Doenhoff Stanislaus, aus Königsberg, 29. Juli 1886.
72. Hess Julius, aus Eisenach, 13. November 1886.

b. In der medicinischen Fakultät:

1. Fink Heinrich, approbirter Arzt, aus Eberbach, 17. Dezember 1885.
2. Hoge Moses Drury, aus Richmond, 15. Januar 1886.
3. Hirschberg Rubens, aus Odessa, 15. Januar 1886.
4. Buttersack Paul, approbirter Arzt, aus Heilbronn, 26. Januar 1886.
5. Meyer Joerge, aus St. Jozé, 17. Februar 1886.
6. Jamter Paul, approbirter Arzt, aus Danzig, 6. März 1886.
7. Bonde Hugo, approbirter Arzt, aus Altenburg, 6. März 1886.
8. Wallenberg Adolf, approbirter Arzt, aus Danzig, 6. März 1886.
9. Werner Wilhelm, approbirter Arzt, aus Heidelberg, 6. März 1886.
10. Reineking Hermann, aus Franklin (Wisconsin), 27. Mai 1886.
11. Hess Karl, approbirter Arzt, aus Mainz, 27. Mai 1886.

12. Hanser Alfred, approbirter Arzt, aus Weinheim, 21. Juni 1886.
13. Meyer Friedrich, approbirter Arzt. aus Mitau, 21. Juni 1886.
14. Hubert Wilhelm, approbirter Arzt, aus Neuerburg, 21. Juni 1886.
15. Greffrath Karl, approbirter Arzt, aus Zehsten, 21. Juni 1880.
16. Seiz Gustav, approbirter Arzt, aus Constanz, 1. Juli 1886.
17. Klein Paul, approbirter Arzt, aus Niederbronn, 1. Juli 1886.
18. Przebinski Stanislaus, aus Popowce, 14. Juli 1886.
19. Fritz Hermann, aus Nidda, 14. Juli 1886.
20. Koch Alexander, aus Marburg (Oesterreich), 14. Juli 1886.
21. Grodnitzky Jahob, aus Jekaterinoslaw, 14. Juli 1886.
22. Ellermann Clarence H. W., aus Melbourne, 14. Juli 1886.
23. Wassermann Melville, approbirter Arzt, aus St. Franzisko, 28. Juli 1886.
24. Brandenburg Georg, approbirter Arzt aus Arnswalde, 28. Juli 1886.

c. In der philosophischen Fakultät:

1. Grosswald E., aus Riga, 1. Dezember 1885.
2. Kilian E., aus Karlsruhe, 1. Dezember 1885.
3. Wilhelm J., aus Wien, 16. Dezember 1885.
4. Ehret Ph., aus Mannheim, 23. Dezember 1885.
5. Kircheisen P., aus Johanngeorgenstadt, 23. Dezember 1885.
6. Maurer R., aus Wertheim, 8. Januar 1886.
7. Schumacher K., aus Dühren, 15. Januar 1886.
8. Löwenberg J., aus Niedern-Tudorf, 28. Januar 1886.
9. Grung F., aus Holmestrand (Norwegen), 17. Februar 1886.
10. Wagner F., aus Wiesbaden, 17. Februar 1886.
11. Dügmedjeff P., aus Schumla, 24. Februar 1886.
12. Puricelli P., aus Mainz, 24. Februar 1886.
13. Rössler O., aus Baden-Baden, 24. Februar 1886.
14. Katz B. A., aus Görlitz, 26. Februar 1886.
15. Reese A. L., aus Baltimore, 26. Februar 1886.
16. Meyer W., aus St. Petersburg, 2. März 1886.
17. Dehlinger G., aus Stuttgart, 2. März 1886.
18. Maciejewski J., aus Posen, 2. März 1886.
19. Doerge H., aus Eickendorff, 3. März 1886.
20. Gordon A. M., aus Boltow (Russland), 8. März 1886.
21. Corning Chr. R., New-York, 1. Mai 1886.
22. Traumann V., aus Mannheim, 1. Mai 1886.

23. Nicolai F., aus Karlsruhe, 11. Mai 1886.
24. Krüger A., aus Gaggenau, 13. Mai 1886.
25. Sack A., aus Odessa, 20. Mai 1886.
26. Reichert R., aus Breslau, 25. Mai 1886.
27. Koch M., aus Leipzig, 29. Mai 1886.
28. Schmidt H., aus Meindorf, 4. Juni 1886.
29. Schäfer E., aus Stralsund, 5. Juni 1886.
30. Giulini W., aus Mannheim, 18. Juni 1886.
31. Schillow P., aus Stettin, 29. Juni 1886.
32. Kahle B., aus Berlin, 8. Juli 1886.
33. Goldschmidt H., aus Berlin, 8. Juli 1886.
34. Bakker S., aus Emden, 9. Juli 1886.
35. Lenard Ph., aus Pressburg, 9. Juli 1886.
36. Brönner F., aus Riedern, 12. Juli 1886.
37. de Fremery F. L., aus Oakland, 12. Juli 1886.
38. Rabinowicz J., aus Bjalistock, 12. Juli 1886.
39. Pacully S., aus Breslau, 14. Juli 1886.
40. Richter Th., aus Halle, 16. Juli 1886.
41. Sperber J., aus Repuzynic (Galizien), 17. Juli 1886.
42. Jaffé A., aus Hamburg, 17. Juli 1886.
43. Jones P., aus Weymouth, 21. Juli 1886.
44. Irmisch M., aus Berlin, 21. Juli 1886.
45. Lauterbach E., aus Tanna, 21. Juli 1886.
46. Tuttle Ch. A., aus Hadley, 24. Juli 1886.
47. Prantschoff St., Koprivotiza (Südbulgarien), 24. Juli 1886.
48. Hillert J., aus Tula, 28. Juli 1886.
49. Rüttgen Th., aus Köln, 28. Juli 1886.
50. Class A., aus Heilbronn, 30. Juli 1886.
51. Bartels W., aus Hannover, 31. Juli 1886.
52. Deninger A., aus Mainz, 9. November 1886.
53. Ruppel K., aus Spangenberg, 17. November 1886.
54. Breidt H., aus Pforzheim, 18. November 1886.